현대문학의 시와 평론

현대문학의 시와 평론

2024년 4월 22일 초판 1쇄 인쇄 발행

지 은 이 | 성광웅 (ycbnstrd@naver.com)
펴 낸 이 | 박종래
펴 낸 곳 | 도서출판 명성서림

등록번호 | 301-2014-013
주　　소 | 04625 서울시 중구 필동로 6 (2, 3층)
대표전화 | 02)2277-2800
팩　　스 | 02)2277-8945
이 메 일 | ms8944@chol.com

값 25,000원
ISBN 979-11-93543-76-4

※ 잘못된 책은 교환해 드립니다.
※ 이 책 내용의 일부 또는 전부를 재사용하려면 반드시 저작권자의 동의를 얻어야 합니다.

현대문학의 시와 평론

문학평론가 성광웅 지음

도서
출판 **명성서림**

화사한 꽃동산

차 례

1. 프롤로그　10

2. 역사의식의 중추와 자연에 투영된 시인의 통찰력　14
　　이해경 시인 시집 『장미 매점, 시담 시선집』

3. 자연과 시대를 초월한 詩 세계를 조망하다　42
　　雲江 강창석 시인의 시

4. 자연과 삶을 주제로 하는 서정성 시의 세계를 펼치다　70
　　신이 이은경 시인 시집 『1시 15분』

5. 자연과 삶을 주제로 하는 시 쓰기의 향연　100
　　권정희 시인 시화집 『2018 창간호 현대시담 현대계간문학작가회』

6. 진정한 친구란 인생을 함께 나누는 다정한 사람이다　114
　　청록파 시인, 박목월, 조지훈을 중심으로

7. 시와 인생이 한데 어울려지는
　　차 세계의 즐거움과 행복한 삶을 조망하며　122
　　녹동 김기원 시집 『"와" 작설차 한잔』

8. 세계적인 유명한 시에 감동한 유년시절의 꿈을 펼치다　146
　　윤보 심종덕 제2 시집 『설악산의 하룻길』

9. 천혜의 자연 풍광을 자랑하는 삼다도
　　제주를 중심으로 한 시 세계의 향연　172
　　채완 부태식 시집 『사색의 여행』

10. 시대를 이끌어 가는 동인지 시 세계를 펼치다　196
　　금아 박태현 시집 『이제 우리가 빛날 차례이다』

11. 인간사에서 비추는 소탈하고 순수한 시의 세계를 조망하다　214
　　강해인 시집 『사랑, 다시 봄』

12. 순수한 삶의 철학에서 나오는 서정성이 돋보인 시 세계의 향연　236
　　봉필 이서연 시집 『그래서 더 아름답다』

13. 맑고 고운 마음으로 시 세계를 펼치는 서정성의 향기　262
　　최대희 시인의 제3 시집 『치즈 사랑』

14. 에필로그　278

1

프롤로그

1
프롤로그

詩를 창작하는 시인은 자신의 표정을 그린다. 그러므로 평소 생각하고 느끼고 체험하고 바라는 것을 시어로 자신의 내면세계를 고백하므로 시인이 쓴 시는 곧 자신이며 자화상이다.

시인은 세상을 살면서 자기 주변에서 일어나는 모든 일에 부디끼고 느끼면서 상상력을 발휘해 자기의 화판에 여러 가지 물감을 채색해 내어 놓는다.

시의 의미심장한 시적 표현은 우리 인생에 감흥과 감동으로 되돌아와 즐겁고 행복한 삶을 영위하게 한다.

내용에 따라서 서정시, 서사시, 극시로 나누고. 형식에 따라서 정형시, 자유시, 산문시로 나눈다. 20세기부터는 대부분 서정시가 주류를 이르며 계속 발전했다.

서정시는 우리가 많이 접하고 있는 개인의 감정을 노래하는 시로서 대부분을 차지하고 있는 시를 말한다.

서사시는 개인의 정서가 아닌 집단의 경험과 칭송을 표현하는 시를 말한다. 고대 그리스의 서사시인 호메로스(Homeros)의 『일리아스』와

『오디세이아』는 대표적인 서사시이다. 주로 트로이 전쟁, 전쟁 영웅을 칭송하는 오디세우스를 노래하는 시이다.

정형시는 詩句나 글자 수, 배열순서, 운율 등이 일정한 고정적 형식, 제약 속에 쓰는 시어로서 자체에 규칙적인 리듬을 부여하는 外在律을 표현하는 시이다.

여기에는 詩調, 漢詩, 歌詞가 들어간다.

자유시는 일정한 행과 연을 갖추고 內在律로 리듬감이 있는 자유로운 형식의 시를 말한다.

산문시는 연과 행 구분 없이 산문처럼 쓰는 시로서 리듬의 단위는 행에 두지 않고 한 문장이나 문단에 두는 시이다. 요즘 시인은 긴 산문시를 많이 쓰고 있다.

문학의 세 장르인 詩, 小說, 戱曲은 시라는 한 뿌리에서 세분화되었다.

서정시는 주로 20행 내외의 詩로서 그대로 계승되고, 서사시는 小說로 발전하고, 극시는 戱曲으로 변해서 현대문학의 주류를 이루고 있다.

詩는 어느 장르보다 위대한 힘을 발휘 하고 있는 것은 자연과 삶의 현실을 시적 묘사로 比喩를 활용해 포장해서 들려주기 때문이다. 시의 힘은 이미지와 상징에 대한 상상력을 초월해 아름다운 멜로디로 노래해서 독자로 하여금 잔잔한 감동을 준다.

詩는 시대의 흐름에 따라서 시의 이미지와 상징이 서서히 발전 하고 있다. 시의 抒情性도 고정된 개념이 아니고 격식의 파괴로 시대의 흐름과 변화에 따라서 개인의 의식 수준이 달라지는 것과 마찬 가지로 변하고 있다.

옛날의 시는 言語로 구성해 표현하고 시 구절이 길었으나 현대의 시는 주로 5연에 20행 전후 짧은 시가 주류를 이르며 시 흐름에 유행하고 있다.

특이한 것은 과거처럼 詩語나 文字를 쓰는 문학이 아니라 인터넷을 통한 Cyber 공간에서 많이 쓰이고 있다.

특히 매스미디어(Mass Media)라는 매체 수단을 통해서 불특정 다수에 직, 간접으로 많은 정보를 전달하고 있다. 여기는 TV, 영화, 라디오, 비디오, 유튜브, 신문, 잡지 등을 통한 대중 매체에 의한 예술 활동 전달이 주요한 자리를 차지하고 있다.

근래 詩는 詩語나 文字를 쓰고 뒤에 그림과 사진을 입히고, 배경음악을 까는 動映像유튜브(YouTube)로 발전하고, 시 낭송가가 출현해 다양한 형태의 시향이 펼쳐지고 있다.

과거 산업혁명에 이어 이제 4차 산업혁명과 인공지능 시대 AI 등 기계와 Soft power의 혁명적인 여파로 문학에도 시대 발전에 발맞춰서 미래 대비하는 자세가 필요하다.

여기 펼쳐진 시는 훌륭하고 능력 있는 시인의 시만 선정해 시평 했다. 시인의 앞날에 문운이 들어 무궁한 발전이 있기를 기대해 본다.

2024년 3월 15일 서재에서

2

역사의식의 중추와 자연에 투영된 시인의 통찰력

이해경 시인 시집 『장미 매점, 시담 시선집』

2

역사의식의 중추와 자연에 투영된 시인의 통찰력

이해경 시인 시집 『장미 매점, 시담 시선집』

가. 詩를 창작하는 시인은 자신의 표정을 그린다.

평소 생각하고 느끼고 체험하고 바라는 것을 시어로 자신의 내면세계를 고백하는 관계로 시인이 쓴 시는 곧 자신이며 자화상이다.

시인이 들여다보는 거울이며 화판에 그리는 그림과도 같다.

시인은 세상을 살면서 자기 주변에서 일어나는 모든 일에 부디 끼고 느끼면서 상상력을 발휘해 자기의 화판에 여러 가지 물감으로 채색해 내어놓는다.

시의 모든 색감은 시인이 선호하는 색깔로 개개인의 표정을 그리고 있다.

나. 시인은 사회를 정화하는 소금이다.

나라와 민족이 위기에 처할 때 국난 극복을 위해 예언의 기능을 암시하며 사회 전면에 나선다.

봄이 오면 이상화(1901~1943) 시인의 「빼앗긴 들에도 봄은 오는가」는 고등학교 교과서에 나오며, 이 시는 오늘날 학생에게 많이 읽혀 감동을 주고 있다.

1930년대 후반부터 1945년 8월 15일 이전 해방되기까지 제2차 세계대전 시 치열한 전쟁을 치르는 중에 일본 제국주의 강압에 못 이겨 창씨제도로 개명하며 문인 대부분이 친일 작가로 돌아선다.
 그러나 끝까지 일본제국에 저항한 문인은 이육사, 한용운, 윤동주, 심훈 등 몇 분은 정치, 사회적으로 억압하며 조여 오는 일본에 맞선다.
 만해 한용운은 승려로서 독립선언서를 최종 감수하고 공약 삼장을 추가해 이름을 올렸다. 독립선언 33인으로서 감옥에 끌려가 심한 고문을 받았으나 많은 고통을 극복하며 전향하지 않은 독립투사이다.
 이육사는 열일곱 번 일본 감옥에 가서 고문을 당하고 풀려났으나 열여덟 번째는 일본 헌병대 구치소에서 육신이 찢기는 고문 끝에 시신으로 돌아왔다. 외조부가 독립군이며, 어머니도 일본제국에 굴하지 않은 항일의 피가 흘렀다.
 윤동주 시인은 일본 교토 도시샤 대학 유학생의 신분으로 일본 후쿠오카 감옥에서 갖은 고문 끝에 젊은 생을 마감한다. 윤동주는 시 300여 편의 유고 시집으로 남겼다. 한국에서 윤동주 시 「별 헤는 밤」을 애송하는 사람이 많다. 특히 일본 문인 중에 윤동주를 새기는 분들이 많아 수시로 기념행사를 치르고 있다고 전한다.
 문인은 시대를 극복하는 민족애와 미래의 길을 열어주는 지적 암시자로 민족을 선도하는 길에 앞장선다. 그들은 절체절명의 위기에서 조국을 위한 지고지순한 가치로 승화했다.
 앞서 언급한 일제강점기 문인 전부가 그렇다는 말은 아니나 국가와 사회규범과 가치에 순응하면서 동시대를 이끌어가며 선도하는 정신이 문학의 근본정신이라고 생각한다.

다. 이해경 시인의 시 세계

　시인은 역사의식이 뚜렷한 애국 시와 자연의 순수성을 노래하는 맑고 고운 서정시를 펼치고 있다. 그녀의 시 세계에 무엇을 담았는지 「전쟁기념관을 걷다」, 「안중근 기념관에 가다」, 「회심」, 「다시 펜을 들면서」, 「북한산 해돋이」, 「지하철 시인이 된 사람들」, 「사랑한다는 말」, 「향수」, 「당신」, 「늙은 반려견」을 시평 하고자 한다.

(1). 호국 역사를 기리는 전쟁기념관은 민족의 거울이다.

전쟁기념관(1994년 6월 10일 개관)은 전쟁사 종합박물관으로 선사시대부터 한국전쟁에 관련된 자료를 모아 전시하는 시설로서 영상기록물과 야외에 각종 무기류를 전시하고 있다. 호국 영령의 조국에 대한 희생과 충절을 기리기 위한 장소이다.

6.25 전쟁 시 UN군의 이름으로 참전한 16개국, 의료지원국 6개국 등 주로 6.25 전쟁과 베트남전에서 희생한 장병의 넋을 기리고 있다.

누구나 한 번쯤은 가봐야 하는 주요한 장소이다.

용머리 창공에 엄동의 깃발 휘날린다

춤추는 붉은 혈은
그의 심장 위에 마지막 표식을 남겨둔 채
칼바람 통증 에이는 들판에서
차가운 탄피의 온도를 기억한다

목숨 걸고 지켜야 하는 사람이 있었기에
저녁노을처럼
귀의하는 종교처럼
그를 기억하며 눈을 감는다

결코, 꿈꿔 본 적 없었던 파란만장했던 짧은 생애가
응고되기 시작하면
대나무 숲에 불던 바람도
일제히 숨을 고른다

깃발의 아우성은 멎고,
흙먼지는 혁명처럼 날려도
오직 너를 사랑한 운명은 식지 않는다

탱크로도 미사일로도
파괴할 수 없는 뜨거운 순간들이
상고대의 반야꽃으로 피어나면
그가 무명천을 건너온 뜨거운 숨결,
낮별로 돋아난다

-「전쟁기념관을 걷다」전문

'용머리 창공에 엄동의 깃발 휘날린다.' 라는 구절은 시 전체의 주어 역할을 하고, 한 연을 한 행으로 배치함으로써 의미를 강조하는 도치법이다. 시인의 메시지가 명료하게 드러난다.

전쟁기념관 입구는 그 건물의 핵심이며 중심부이다. 그 둘레에 한국전쟁 당시 UN군의 이름으로 참전한 16개국, 의료지원국 6개국 국기와 국방부기를 비롯해 육해공군 각급 부대기가 휘날리는 장면을 강조하기 위함이다.

치열한 전쟁터에서 젊음을 불태우며 적과 대처하는 상황을 적나라하게 표현한 수준 높은 시어이다. 조국을 지켜야 한다는 굳은 의지의 일편단심을 종교에 빗대어 에둘러 표현하고 있다. 뒤이어 아직 피어 보지도 못한 젊고 짧은 생애를 이승에서 저승으로 가는 한순간을 표현하고, 조국을 지키려 희생한 넋을 기리는 숭고한 이미지와 상징을 나타내고 있다.

마지막 연에서는 무차별적으로 서릿발처럼 공격해 들어와도 산 자는 태양처럼 빛나며 다가온다는 급박한 상황을 심도 있게 잘 표현하고 있다.

전쟁기념관을 둘러보며 나라를 지키는 젊은이들이 희생하는 과정과 선열의 충정 어린 조국 사랑, 전쟁의 참혹상을 들여다보는 시적 묘사로 잔잔한 감동을 주고 있다.

(2). 조선 초대 통감 이토 히로부미(伊藤博文)는 누구인가?

그는 에도 시대부터 메이지 시대에 활동한 정치가이다.

청소년 시절 고시다 쇼인 정한론자의 의식화 교육을 받은 골수분자이다.

중국 상해에서 배로 영국에 밀항해 선진 교육을 받고 돌아와 45세에 초대 수상에 이어 네 번이나 수상직을 수행했다. 그는 수상을 하면서 서방세계의 신문물, 제도를 받아들여 정치, 사회를 개혁하고 부국강병책을 주도한다.

청일, 러일 전쟁 승리의 여세를 몰아 무능한 조선의 대신을 억압해 국권을 찬탈하고 1905년 을사늑약을 강압적으로 체결한다. 무기력한 고종을 강제로 폐위시키고 순종을 앉혔으나 바람 앞의 등불이었다. 뒤이어 군대해산, 외교권을 박탈했다.

조선국권 침탈이 극에 달하자, 조야는 극심한 혼란에 빠진다. 전국에서 일본에 반하는 의병이 일어나 극렬한 저항운동이 전개되었다. 항간에는 일본의 노예로 사느니 죽음으로 항쟁한다는 결의로 뭉친 민중봉기로 극렬히 저항하자 삼남지역을 초토화했다.

　안중근 의사는 1879년 9월 2일 황해도 해주 출신으로 三興學校를 세워 인재 양성에 힘썼으나 정리하고 의병 활동에 전념한다. 그는 대한의군 참모중장 겸 아령 지구 사령관직을 수행하고 악랄한 일본군과 싸웠다. 동시에 동의단지회를 결성 일본에 계속 저항했다. 세 자녀의 아버지이며 독실한 천주교 신자인 안중근 의사는 우덕순과 항일 무장투쟁을 통해서 그를 제거하기로 작심한다.

　그들은 이토 히로부미가 하얼빈에서 러시아 재무상을 만나 회담한다는 소식을 전해 듣고서 황해도 신천을 출발해 부산, 원산을 경유해 블라디보스토크를 거쳐서 하얼빈으로 진입한다.

　한편 이토 히로부미는 일본 시모노세키에서 출발해 요동반도 대련으로 들어가 봉천, 장춘을 경유해 하얼빈에 도착한다.

　먼저 하얼빈역에 도착한 안중근 의사는 1909년 10월 26일 조선 침략의 원흉 이토 히로부미를 저격한다. 그는 현장에서 러시아 관헌에 체포되어 일본군에 넘겨졌다.

　법정에서 검찰관은 "천주교에서는 사람 죽이는 것이 큰 죄악 아닌가."라고 지적하자, 안중근 의사는 "남의 나라를 탈취하고 사람의 생명을 빼앗는 자를 수수방관하는 것은 더 큰 죄악이다. 나는 그 죄악을 제거했다."라고 자신의 입장을 강변하고, "이토 히로부미는 선량한 조선인을 수없이 죽인 영웅이 아닌 범죄자"라고 주장했다.

　그러면서 "조선과 동양의 모든 나라가 독립하는 '동양 평화'를 위해 그를 제거했다."라고 말했다. 그는 1910년 3월 26일 여순 감옥에서 형장의 이슬로 사라진 조선의 영웅이시다. 공모자 우덕순은 3년 징역형을 받고서 풀려났다.

  무능한 위정자가 나라를 통치하면 정글의 弱肉强食 法則에 의거 외국의 침탈로 나라를 뺏기고 국민은 노예가 된다는 역사의 교훈이 반드시 되새겨야 한다.

1909년 시간을 박제한 차가운 당신의 총구는
나를 향한 뜨거운 마음,
내가 당신을 향한 순수한 열정입니다

열차의 기적 소리를 따라 조국의 반딧불은 반짝였고
뜨겁고 강렬한 세 발의 총성이 마침내 불을 뿜었을 때
세상은 정적 속에서 침묵의 경전을 읽었습니다

당신의 신호는 위대했습니다.

이리의 목숨은 가치가 없는 것이기에
거역할 수 없는 힘에 이끌려 한치의 부끄러움도
망설임도 없는 선택을 했습니다

사랑하는 사람들이 모여 있는 대지를 기억하고
조상 대대로 풀꽃 같은 목숨을 이어가는
사람들이 바람에 실려 오는
그리움을 만나 하얀 민들레꽃을 피우는 곳,

그곳을 향해 뜨거운 심장을 내 던진

당신의 숨결이 새로운 나무에 싹을 틔우는 이 순간,
강물도 다시 출렁이고
바람도 다시 백두대간을 거슬러 오릅니다

당신의 눈빛은 위대한 유산이었습니다

- 「안중근 기념관에 가다」 전문
* 김훈 소설 『하얼빈』을 읽고

   1909년 10월 26일에 나 안중근은 조국의 안위를 위해 반드시 너 이토 히로부미를 죽여야만 한다는 사명감을 실행해 뜻을 이룬 위대한 사건임을 그리고 있다.
   열차가 오는 소리는 이토 히로부미를 죽여야만 하는 천재일우의 기회이었다.
   가슴에 품었던 권총을 꺼내 세 발의 불꽃 튀는 총탄으로 적의 심장을 쏘아 쓰러트렸을 때 주위가 혼비백산해 경전을 읽듯이 잠시 침묵이 흘렀다는 시적 묘사로 이미지화 에둘러 표현하고 있다.
   안중근 의사의 조국을 위한 거사, 충정을 너무도 잘 표현하고 있다. '이리의 목숨은 가치가 없는 것이기에 거역할 수 없는 힘에 이끌려 한 치의 부끄러움도 망설임도 없는 선택을 했다.'라는 시어는 그는 조국의 적일 뿐이지 하등의 동정이나 일고의 가치도 없는 범죄자라는 사실을 시인은 강렬한 의지로 표출하고 있다.
   조선은 평화스러운 땅, 조상 대대로 물려준 삶의 터전, 사랑으로 감싸

주고 오순도순 살아가는 정든 조국을 뜻하고 있다.

그대가 조국의 백성을 위해 희생한 그 거룩함이 아름다운 금수강산에 평화의 꽃을 피우고 있다고 설명하고, 마지막 연에서 안중근 의사의 드높은 희생정신이 우리 조국을 지탱하는 巨木(유산)이 되었다고 Metaphor로 표현해 에둘러 강조하고 있다.

안중근 기념관에 가서 조선 말기 어지러운 세상에 '이리처럼 달려들어 조국을 먹어 치우려는 이토 히로부미를 저격해 침몰해 가는 조국의 안위를 지켜 나라를 바로 세우려던 안중근 의사의 숭고한 뜻'을 기리는 드높은 기개를 그림처럼 그려서 뭇사람에게 잔잔한 감동을 주고 있다.

(3). 回心이란 무엇인가?

일반적으로 정신적인 뉘우침 또는 마음을 바꾸는 자세를 뜻하는 신학적 종교적 색채의 뜻을 많이 내포하고 있다. 통상 사람이 평범한 생활, 방탕한 생활을 하다가 어떤 경우 마음을 바로잡아 종교의 가르침에 전적으로 따르는 계기를 말한다. 돌이켜 보면서 다시 깨닫고 생각하는 흐뭇한 마음, 마음에 꼭 들어맞는 그런 상태를 말하기도 한다.

    가을걷이 들녘은
    정염을 태운 매미의 일주일처럼 영원을 열며
    은빛 파도로 출렁였어

    따사로운 품에 자욱이 스며들고

녹아들어 숨겨졌을 탐스러움들이
그대로 볼그레해져 가을로 쓰러지고

만삭의 그리움은 휘돌아
스치고 저문 옷깃에 찬란한 물빛으로
바람벽에 기댄 채 허통하게 낙엽지네

아마도 가을은
못잊을 당신이었기에, 당신이라서

-「회심」전문

   풍요한 수확기를 맞아서 곡식을 걷어 들이는 적기를 표현하고, 만족스러운 성숙기에 접어들어 다시 가을을 생각게 하는 심취한 시기임을 강조하고 있다. 이제 무르익은 수확기가 서서히 지나가는 계절을 애타게 바라보면서 마지막 연에서 오곡백과 단풍 지는 가을의 정취를 못 잊고 그리워하는 심정을 잘 표현하고, 당신이라서, 더 그렇다고 이미지화 상징을 강조하며 반추하는 기교를 부렸다.
   회심은 무루 읽어가는 가을 풍경을 음률에 맞춰서 가을 정취를 고스란히 그리고 있어 깊은 인상을 준다. 우리의 일상생활을 그대로 반영하는 좋은 시상이라고 생각한다.

(4). 자기만의 시 세계를 펼치다.

  모든 시에는 시인 개개인의 향기가 숨어 있다. 이 말은 시인은 곧 자기 자신만의 일정한 수로를 만들어 향기를 간직할 때 이를 개성의 표현이라고 부를 수 있기 때문이다. 새로운 각오로 앞날의 문학 작품 특히 시를 어떻게 쓰고, 지속적인 사명감으로 자연과 삶을 위주로 감흥 있게 시로 발전시켜 나갈 것인가를 굳게 다짐하는 결의로 시인은 시 창작을 시작한다.

  우리가 작품을 쓸 때는 무에서 유를 창조하듯이 수많은 고난과 싸워 이기는 인간의 인식 한계의 벽에 부딪혀 좌절하곤 한다, 어느 방향으로 어떻게 쓰고 마무리를 지을 것인가를 늘 고민하게 된다. 그래도 무엇인가 창조하며 끈질기게 늘어져 길을 찾고 개척해 나간다면 작가가 추구하는 목표를 언젠가는 달성하기 때문이다.

  어느 일이고 간에 모든 일은 처음 시작 단계는 확실히 개념이 정립되지 않아 혼란스럽고 어렵다. 그런 복잡한 과정을 극복해 나갈 때 광명의 새 아침이 마침내 눈앞에 다가오기 때문이다.

  우리 속담에 '시작이 반'이라는 말과 같이 꾸준히 자기 분야의 일을 시작하고 개척하며 나아갈 때 비로소 성공의 열매를 맺게 된다.

    경험에서 한 발짝도
    벗어날 수 없는 이대로의 시간에
    다시 종이를 펼쳐들고
    어질러져 있는 단어를 주워 모았다.

    정리되지 않은 일상을 보듯

행과 행이 어긋나 삐뚤거리고
연과 연이 멀찌감치 떨어져 아우성대며
종이 위의 언어들은 열 오른 체 밤을 지새웠다.

속삭거리며 깔깔거려 본지 오래돼서일까?
기밀한 연관성이 서툴러
감정은 난해해지고
상상의 날개는 재현되지 않았다.

삶과 동떨어져 살수 없는 내 안의 글들은
치열한 현장에서 머리 숙이고
비열하지는 않았는지 생각해 본다.

어떻게 가 아니라
이렇게 써도 되는지 끊임없이 묻는다.

― 「다시 펜을 들면서」 전문

    정리되지 않은 일상을 보듯 행과 행이 어긋나 삐뚤거리고, 연과 연이 멀찌감치 떨어져 아우성대며, 종이 위의 언어들은 열 오른 체 밤을 지새웠다. 라고 하는 시인은 처음 글을 쓸 때는 어떻게 쓰겠다고 다짐하며 써 내려 가지만 상황과 사리에 맞는 시어를 추출해 쓰기란 그리 쉬운 일이 아니라고 실토한다.
    그 감성에 알맞은 시어와 어휘를 골라 써내려고 하지만 그 상황에 알맞은 속 시원한 시어가 머릿속에 잘 떠오르지 않아 밤을 지새우면서까지 주제를 놓고서 시상을 고심했노라 하고 자기의 심정을 실토하며 그리고 있다.

감정은 난해해지고 상상의 날개는 재현되지 않았다고 하며. 삶과 동떨어져 살 수 없는 내 안의 글을 써 내려간 내용이 이론과 현장의 삶과 맞아떨어지는 알맞은 사유인지 자신에게 끊임없이 묻고 있다.

자연과 인간 생활의 삶에 부합하는 시어를 찾아 꼭 그 주제에 알맞은 시를 작성해야 하는데, 시를 쓰고 나서 그에 합당한지 마음속에 늘 가늠하고 의문을 품고 질문하며 지속해서 수정 보완해 나가는 시인의 고뇌에 찬 심정을 적나라하게 표현하고 있다.

다시 펜을 들면서는 새로운 각오로 앞날의 문학 작품 특히 시를 어떻게 쓰고, 지속적인 사명감으로 자연과 삶을 위주로 감흥 있게 시로 발전시켜 나갈 것인가를 굳게 다짐하는 성찰의 결의가 엿보이는 표현이다.

(5). 수려한 북한산을 배경으로 한 시의 향기

북한산은 고도 835.6m로 서울시 북쪽 강북구, 도봉구, 은평구, 성북구, 종로구와 경기도 고양시, 양주시, 의정부시에 광범위하게 분포해 있는 북쪽의 큰 산으로서 1억 7천만여 년 전에 형성한 산이다.

서울의 남산은 풍수적으로 안산에 해당하고, 한강이 동에서 서로 흐르고 북쪽은 북한산이 막고 있어 사람이 살기 좋은 배산임수의 자연 입지 조건을 갖추고 있다.

북한산의 명칭 유래는 고려 시대 구축한 중흥산성을 보수하며 북한산성으로 축성해 불렸고, 그 이후 한성의 북쪽에 있다 해서 북한산으로 불렸다고 전해 내려오고 있다.

　1983년 북한산 국립공원으로 지정되어 대도시 속의 자연공원으로서 수려한 자연경관과 쾌적한 환경을 제공해 서울 시민의 안락한 등산 코스로 유명하다.

　북한산 인수봉 810.5m는 서울 시내가 한눈에 내려다보는 전망 좋은 풍광을 보여주고 있어 북한산 해돋이로 유명하다.

　　　　바람과 구름이 신축년으로 넘어가는 새벽
　　　　북한산 둘레길을 걸었다
　　　　얼어붙은 마른 잎을 밟을 때마다
　　　　수근거리는 소리가 따라 왔다
　　　　허리 굽은 소나무, 위풍당당한 참나무가 삼각산의
　　　　솟을대문을 열어주었다

　　　　어머니 같은 여자가 지나가며 말을 붙여왔고
　　　　아버지 같은 남자가 보폭을 맞추며
　　　　발자국마다 이야기를 풀어 놓았다

　　　　멀리서 보았던 뾰족한 봉우리가 둥글게 낮아질 무렵
　　　　비로소 만나게 되는 아침은
　　　　별의 그림자를 따라 온 누군가의 불빛이었다

　　　　북한산은 알고 있었을 것이다
　　　　내가 새벽을 데려와 아침을 열고
　　　　바람과 구름이 같은 곳을 향해 눈뜨는 이유를

　　　　　　　　　　　－「북한산 해돋이」 전문

바람과 구름이 신축년으로 넘어가는 새벽, 북한산 둘레 길을 걸었다

얼어붙은 마른 잎을 밟을 때마다, 수군거리는 소리가 따라왔다는 절묘한 표현으로 허리 굽은 소나무, 위풍당당한 참나무가 삼각산의 솟을대문을 열어주었다고 한다.

다사다난한 한 해를 보내고 새해맞이 새 희망을 품고서 걷는 북한산 둘레 길은 새로 다가오는 새해에 이루고자 하는 용솟음치는 의욕과 성취를 위해서 다짐하는 시인 자신의 자아실현에 대한 반향으로 나타나고 있다.

자연의 기쁜 소리로 들리고, 온갖 풍상에 견뎌온 소나무, 참나무처럼 불굴의 의지로 꿋꿋하게 견뎌 내며 새해 새벽 희망의 문을 열어 주었다고 시인은 시적 묘사로 에둘러 표현하고 있다.

어머니 같은 여자가 지나가며 말을 붙여왔고, 아버지 같은 남자가 보폭을 맞추며 발자국마다 이야기를 풀어놓았다, 산천이 자연의 속삭임으로 들리고 자연의 포근함이 다가와 다정다감한 어머니 아버지 같은 전설을 알려주고 자연의 소리가 즐겁고 행복하게 들린다. 라는 은유적 표현으로 상황을 세밀히 이미지화하고 있다.

멀리서 보았던 뾰족한 봉우리가 둥글게 낮아질 무렵에 비로소 만나게 되는 아침은 별의 그림자를 따라온 누군가의 불빛이었다, 정상에 다 달을 무렵 온천지가 발아래 머물고, 동녘에 떠오르는 광명의 태양이 희망의 등불로 비춘다고 시인은 수사적 묘사 Metaphor로 에둘러 그리고 있다.

(6). 지하철의 일상, 풍경을 그리다.

　한국의 지하철은 도시가 발달하며 늘어난 인구 수송을 위해 1970년대에 지하철을 건설하기 시작했다. 그 이전에는 전차와 버스를 대중교통 수단으로 주로 이용했다.

　도시가 팽창하면서 도시교통 문제가 크게 부각되어 서울과 부산을 비롯한 인천, 대구, 대전, 광주 등 6대 대도시에 지하철 건설이 활발히 추진되었다.

　서울시에서는 1971년 4월 지하철 1호선 착공, 1974년 8월 15일 완공 개통을 시작으로 현재 서울을 비롯한 부산, 대구, 인천, 대전, 광주 등에서 지하철이 운행되고 있다. 이제는 도시 외곽에 거주하는 시민이 많아 지하철을 이용하는 시민이 하루 일천만여 명에 이뤄 새로운 지하철 문화가 형성되기에 이른다.

　　　매일 특별할 것 없는 사람들이
　　　특별한 일상을 위해
　　　빛과 어둠이 교차하는 지하철역에서
　　　어깨를 부딪치며
　　　겨드랑이에 돋는 감성으로
　　　하루치의 詩를 쓰고 있다는 것을 알까

　　　역 모퉁이에 앉아 기다려 본 사람은
　　　내려앉은 하루를 스크린 도어에 비추며
　　　소주 몇 잔에 취해 환승을 하기도 하고
　　　낯선 장소에 내려 행간에 끊기는,

*끝까지 읽어 내리지 못한 글이 터널 속으로 사라지는
그림자를 만나다*

*지하철에 오른다는 것은
누구나 시인이 되어 詩를 쓴다는 것이다
지정석에 앉은 임산부와 노약자가 詩를 쓰고
핸드폰에 코를 박은 사람들이 저마다의 평면에
한쪽 세상과 만나는 이야기를 쓰면서
에스컬레이터를 타고
개찰구를 빠져 나가는 詩를 쓴다*

― 「지하철 시인이 된 사람들」 전문

  빛과 어둠이 교차하는 지하철역에서 어깨를 부딪치며, 겨드랑이에 도는 감성으로 하루치의 詩를 쓰고 있다는 것을 알까 하고 시인은 감성을 들어 되묻고 있다.
  하루 이동하는 시민이 많아 지하철에서 일어나는 갖가지 일화가 꼬리를 물고 일어나고, 그에 따라서 인간사 희로애락이 용솟음치는 현장이다.
  역 모퉁이에 앉아 기다려 본 사람은 내려앉은 하루를 스크린 도어에 비추며 소주 몇 잔에 취해 환승을 하기도 하고 낯선 장소에 내려 행간에 끊기는 듯이 끝까지 읽어 내리지 못한 글이 터널 속으로 사라지는 그림자를 만난다고 시적 묘사를 들어 사유를 예시하고 있다.
  이 시에 그려지는 모든 승객의 일상이 지하철에서 반복되면서 수많은 개개인의 현상이 무수하게 다른 모습으로 세세히 비치고 있다.

지정석에 앉은 임산부와 노약자가 詩를 쓰고, 핸드폰에 코를 박은 사람들이 저마다의 평면 스크린에 한쪽 세상과 만나는 이야기를 쓰면서 에스컬레이터를 타고 개찰구를 빠져나가는 상상의 나래 들어 수사적 묘사로 이미지화해 그리고 있다
　여러 가지 사연이 얽히고설켜서 세상만사 온갖 일이 어둠 속에서 밝은 세상으로 나오듯 숨 막히게 돌아가는 구체적 사연을 시어로 표출하는 시인은 남다른 통찰력이 눈여겨 보인다.

(7). 그리워하는 마음은 사랑한다는 말인가?
　남녀 간에 끌려서 그리워하는 사람외 부모를 공경하고 자식이나 아래 사람을 아끼고 소중히 여기는 마음을 우리는 사랑이라고 견주어 말하고 있다.

　　　하고 싶은 말 앞에
　　　왜 이렇게 침묵해야 하는지 몰라
　　　찔끔, 눈물이 고여
　　　설명할 수 없는 심장아

　　　이렇게 뜨겁고 침착하고 냉정할 수 있을까
　　　너의 봄 앞에
　　　잡아둔 햇살 한소끔
　　　버티는 기억 한 움큼

입 가장자리에 머금다 끝내,
하지 못한 말

- 「사랑한다는 말」 전문

사랑한다는 말은 이성에 끌려서 몹시 그리워하는 마음이다
 사랑하는 사람 앞에서 하고 싶은 말, 왜 이렇게 침묵해야 하는지 몰라. 하고 돼 묻는 시인은 무척 수줍은 여인이다. 사람이기에 때와 장소 체면과 자존감 때문에 마음속에 숨겨놓은 감정을 고백하지 못하고 숨죽여 참는 일은 그리 쉬운 일이 아니다.
 하고 싶은 말을 못 해 눈물이 고이고, 솔직히 자기 심정의 내면을 드러내 보이지 못하는 자신에게 되물어 보면서 속으로만 끙끙 앓고 있는 고뇌의 심정을 적나라하게 표현하고 있다. 시인은 마음속으로 애타는 심정을 구체화해 사유를 들어서 비유와 서정을 묘사해 그려서 너무나 잘 표현하고 있다.
 이렇게 뜨겁고 침착하고 냉정할 수 있을까 하고, 너의 봄 앞에 잡아둔 햇살 한소끔을 버티는 기억 한 움큼이나 입 가장자리에 머금다 끝내 말하지 못하는 심정, 속으로는 사랑한다고 말을 하려고 하나 차마 입에서 나오지 않아 시간을 보내다 할 말을 잃고서 자포자기하는 시인의 심정을 서정적으로 잘 그리고 있다.

(8). 유년시절의 추억을 그리다.

  사물 또는 추억에 대한 그리움을 뜻하는 말로써 여기 시에서는 유년시절의 추억을 그리워하는 마음이다. 시는 자연의 대상을 입체화하는 과정이다. 주제와 화자 사이에 친밀감은 물론이고 소통의 길이 시인의 시상으로 연결되어야 하고 보편성의 가치를 가지고 있을 때 독자에게 감동을 준다. 다시 말해서 시인의 체험, 의식의 느낌, 등이 시인과 가장 친밀할 때 Identity의 시적 묘사로 표정을 연출하기 때문이다.

    뒷마루에 앉아 발장난치며
    햇살과 친해진 일곱 살 소녀의 구두 한 짝을
    지붕에 잽싸게 던지고 죽어라 달아난
    소년의 발자국에서 흙먼지 날리고,

    수천 번도 더 쳤을 엿장수의 가위질 소리가
    한쪽어깨로 기울어져 갈 무렵
    엄마의 잔소리도 토막토막 잘려 저녁 밥상에 올랐지,

    아빠의 헛기침은 호랑이도 줄행랑쳤을
    울타리로 가지마다 호박을 주렁주렁 매달아 놓았고
    선홍빛 어린 뺨을 내밀던 장미꽃들은 골목을 밝혔어,

    그 깊고 푸른 황톳길을 아직도
    달려가는 것을 보면 본주본선은
    내 탯길인 것 같아

                  -「향수」 전문

정겨웠던 유년 시절의 장난치고 말썽부린 수많은 사연이 엄마의 잔소리로 토막토막 잘려서 건건이 저녁 밥상머리에 오른다고 실상을 시적 묘사로 이미지화해 잘 표현하고 있다.

호랑이처럼 무서운 아버지와 마주 앉아 꾸지람을 듣는 순간 볼 그래 달아오른 얼굴은 선홍빛 어린 뺨이 장미꽃처럼 피어올랐다고 하는 시인은 옛날 유년 시절에 말썽부려 혼났던 애잔한 마음의 상황을 한 편의 수채화처럼 서정적인 감성이 떠올리게 해 준다.

그 시절 순박하고 인정미 넘치는 시어를 들쳐 그리워 다시 회상케 하고 있다. 어린 시절 고향의 일상을 들여다보는 모습처럼 정겨운 시상, 유년 시절의 회상, 그 시절 잊지 못할 추억이 주마등처럼 살아나는 은유로 둔갑해 감성적으로 표현하고 있다.

(9). 가족은 사랑의 첫출발이다.

부부란 혼인 해 함께 살고 있는 남녀를 한 데 묶어서 부르는 말이다. 부부란 말은 상대를 높여서 부르는 이인칭 대명사로 주로 통용된다.

결혼한 남녀가 한 가정을 이뤄 함께 경제적으로 공동생활하며 자손을 낳아 양육하는 가정을 일군 부부를 부를 때 편히 쓰는 말이다.

내 여자에게서 비누냄새가 났어
매혹적인 샴푸냄새와는 달리
살아가야할 민낯을 데리고 오늘
오늘 그리고 내일의 살맛이야

부족하지도 넘치지도 않는
쉽지도 어렵지도 당연하지 않는
적절한 거리와 허용된 자유에서의 심장

다르다는 균형이 주는 불꽃에
완전하지도 만족스럽지도 부끄럽지도 않는
예술
섹스

승화된 발산과 정화,
찾아오는 고요와 편안함이
내 여자가 가지고 있는 축복이고 감사야

– 「당신」 전문

  부부는 일심 공동체로 가정을 이루며 항상 청결하고 편안한 삶을 유지하는 생활공간이어야 한다. 그런 환경에서 편안한 삶을 누리도록 상대편에 안식처 분위기를 조성하도록 노력해야 한다. 그러기 위해서는 청결한 주거 환경에서 부담 없이 상대를 배려 존중하는 관심을 두는 것이 중요하다.
  부족하지도 넘치지도 않고, 쉽지도 어렵지도 당연하지 않은 적절한 거리와 허용된 자유, 그런 환경에서 부부생활을 원만히 유지하도록 하기 위해서는 늘 배려와 이해, 협조로 상대편에 편한 삶에 도움을 주는 정신

자세가 필요하다. 모든 가정일이 자연스럽게 순응해야 부담 없는 평화스러운 부부생활이 가능하기 때문이다.

승화된 발산과 정화되어서 고요하고 편한 삶은 내 여인이 누리는 축복이고 감사라고 그 의미를 강조하는 시인은 부부로서 상대를 배려하고 이해하는 상당히 고차원적인 사고력이 몸에 묻어 있어 삶의 유연함을 자연스러운 행동으로 옮기고 있다고 그리고 있다. 부부로서 평생 함께 살면서 천생연분의 부부 인연을 수사적 묘사를 들어 이미지화로 잘 표방하고 있다.

(10). 가정의 일원이 된 반려견의 생활상...

애완견은 좋아하고 귀여워해서 한 가족처럼 살면서 기르는 개를 말한다. 또 다른 의미의 반려견은 보호자와 정서적으로 교류를 통해서 함께 가정에서 생활하는 개를 말한다.

일상의 기억들이 꾸벅꾸벅 통째로 졸고 있어

하루 종일 방바닥에 엎드린 채 물끄러미 쳐다 보는 눈과
마주치는 건 교통위반 딱지를 끊는 것보다 더 속상한 일이야

처음 집에 데려 오는데 주차위반 딱지를 끊어서
붙여진 이름 '딱지'
혼잡한 도시의 교통만큼이나 질서와 규칙의
훈련이 매일매일 필요했고

자연스럽게 책임이 수반된 가족이 되었지

숨넘어갈 듯 먹어치우는 식탐 빼고는
더할 나위 없이 귀엽고 영리했던 강아지가 어느덧
17년의 세월이 흘러 노견이 되었고
이제는 더 이상 동물병원에 가는 일도 사라졌어
수의사는 그저 편안하게 살펴주기만 하라는 말만 남기고
진료비를 청구했지

움직이는 것도 숨 쉬는 것도 점점 기력을 잃어 가는데
그나마 식탐은 조금 남아있어 다행이야
오늘도 방바닥에 엎드려 눈만 껌빡이는
늙은 생명은 긴 햇살에 그림자를 놓고
'딱지'를 부르는 소리만 이명처럼 멀어져 가는 것 같아

- 「늙은 반려견」 전문

'일상의 기억들이 꾸벅꾸벅 통째로 졸고 있어' 첫째 시 구절은 전체의 주어 역할을 하고, 한 연을 한 행으로 배치함으로써 의미를 강조하는 도치법이다.

'일상의 기억들이 꾸벅꾸벅 통째로 졸고 있어'는 반려견이 너무 늙어서 기동하기가 불편해 바닥에 배 깔고 길게 엎드린 채 물끄러미 쳐다 보는 처량한 눈매는 옛날 강아지로 데려오면서 교통 법규 위반 딱지를 끊는 것보다 더 속상한 일이라고 눈여겨보는 시인은 정말 그 상황을 어찌 그렇게 시적으로 묘사를 잘 표현하고 있는지 어렵게 지내고 있는 노견의

현실을 사유를 들어 잘 보여주고 있다.

  반려견이 나이가 많아 늙어서 거동을 못 하고 물끄러미 바라만 보고 있는 상태의 애잔함이 시인의 측은한 심상이 그대로 묻어난다. 이처럼 가엽고 딱한 심정을 뭘로 비유해 위로해야 할지 도무지 생각이 안 난다는 시상을 시인은 잘 표현하고 있다.

  처음 집에 데려오는데 주차위반 딱지를 끊어서 붙여진 이름 '딱지'로 명칭을 부여한 사연을 적나라하게 은유적으로 표현하고 있다. 이제 상당한 세월이 지나서 17년의 세월이 흘러 노견이 되어서 수의사는 그저 편안하게 살펴주기만 하라는 말만 남기고 진료비를 청구한다는 마침표는 대단한 시적 묘사의 마무리 발상이라고 생각한다.

  이제 안타깝지만, 숨넘어갈 듯 식탐만은 그대로여서 위안이 된다는 시인의 시상이 반려견에 조금이나마 애정을 주고 있는 심정을 사려 깊게 느껴지기도 한다.

  움직이는 것도 숨 쉬는 것도 점점 기력을 잃어 가는데, 그나마 식탐은 조금 남아있어서 다행이다. 방바닥에 엎드려 눈만 껌뻑이는 늙은 생명은 긴 햇살에 그림자를 드리우고 '딱지'를 부르는 소리만 이명처럼 멀어져 가는 것 같아 안타깝게 가여워하는 사유를 수사적 묘사를 들어 비유 은유로 표현하고 있다. 시인의 반려견에 대한 절망적인 애환의 심정을 서정적 이미지화해 참신하게 들어내 그리고 있다.

(11). 나라와 민족을 사랑하는 이해경 시인

  선열의 고귀한 희생으로 이룩한 조국의 슬픈 역사를 되돌아보며 시로 표출하고 있다. 우리나라를 사랑하는 애국자이며, 애국 애족의 상징인 삼일절을 맞이하여 시국에 딱 들어맞는 시인의 작품과 조우하는 필치가 좋았다.

이해경 시인은 특히 일상생활에서 자신이 체험하고 사유한 상상력은 다정다감한 시어로 전환해 사랑의 기쁨과 삶의 의미를 진솔하게 전개하며 시선을 풀어내 잔잔한 감동을 주고 있다.

앞으로 문운이 들어 대성하기를 바란다.

3

자연과 시대를 초월한
詩 세계를 조망하다

雲江 강창석 시인의 시

3

자연과 시대를 초월한 詩 세계를 조망하다

雲江 강창석 시인의 시

가. 詩는 자연과 인간의 삶을 대상으로 시를 창작한다.

  시인은 우주 자연의 현상과 인간사의 다양한 상황에 시적 감각이 뛰어나 어느 시인보다 예리한 서정적인 면이 돋보인다. 시인은 개성이 독특해 체험과 감성을 통해서 삶의 참모습을 묘사해 표정을 그리고 과거와 미래를 연결해 주는 이미지를 전달해 생활 속의 거울을 들여다 보고 느끼는 문학적 감동이 남다르게 느껴진다.

  雲江 강창석 시인은 솔직 담백하리만치 성품이 곧고 자신의 내면세계에 숨어 있는 서정 시상을 과감히 표출해 수사적 이미지로 묘사해서 표현하고 있다.

나. 시인의 시 세계

  인간은 자연에서 태어나고 어느 시기에 자연으로 돌아간다. 시인의 정신세계가 시어로 표출되는 과정이 이렇듯 순수하다.

  시인이 쓰는 시는 곧 자신이다.

  『수상록』을 써서 좋은 평을 받은 몽테뉴는 "무엇인가 쓰고 있을 때 외에는 생각한 바가 없다"라고 말한다. 글을 쓰려는 생각은 시인 누구나 있어야 할 필수 과정이다.

　雲江 강창석 시인은 시를 쓰면서 수많은 생각을 했을 것이다.

　생각은 감성적인 것과 이성적인 것으로 분류할 수 있겠지만 막상 시인이나 작가는 이를 구별하기조차 힘들다. 그저 생각이 앞서서 글을 써나가기 때문이다. 그래서 윌리엄 워즈워스는 "생각은 지나간 감정의 전형"이란 말을 남겼다.

　그러나 보통 시인은 자연현상을 시상으로 옮기며 철학적 사고방식으로 시를 풀어나가기도 한다. 우리의 삶은 즐거움과 행복을 느낄 수 있지만 고독과 비애도 체험한다. 여기에는 바로 '실존'이라는 철학적인 개념이 포함되어 있다. 이러한 시 세계의 변화 과정을 통해서 실존주의 철학이 생겨났다.

다. 실존주의(Existentialism)

　19세기경 덴마크 철학자 쇠어 키르케고르가 철학적 사고방식으로 『불안의 개념』『무서움과 떨림』『죽음에 이르는 병』 등을 서술하며, 인간의 삶에 대하여 느끼는 순수한 감정을 적나라하게 표현하고 있다.

　개인의 구체적인 실존은 합리적인 이론만으로 설명할 수 없는 특별한 요소들이 존재한다. 그 이후 20세기를 대표하는 실존주의 대 철학자 독일의 마르틴 하이데거와 프랑스 장 폴 사르트르가 이 대열에 합류하며, 인간은 타인의 평가가 아니고 자신이 스스로 결정하는 존재라고 말해 '실존주의는 곧 휴머니즘이다.'라고 했다.

　제2차 세계대전 시 합리주의에 의한 낙관적인 세계관이 퇴조되고, 기존의 신학, 사회, 과학이 만들어 나가는 것이 아니라 자기 스스로 삶의 방향을 어떻게 만들어 나가느냐에 달려 있다고 생각했다. 이 실존주의는 프랑스 작가를 중심으로 전개되었다. 자신의 실존을 실천하기 위해 수행하는 행동을 결국 '앙가주망'이라는 말로 통한다.

여기에 시인의 대표적인 시가 裸木으로 통한다.

인간은 부자연스러운 상태에서 존재하고, 허무와 부조리를 안고 살므로 불안과 고뇌가 뒤따른다는 실존주의 문학이 자연히 발전했다.

라. 雲江 강창석 시 세계

시인의 시어에는 그의 체취가 묻어나 소박하고 진실성이 엿보인다. 적절한 감성 표현은 특정한 이미지 상징을 보여주고 있어 작품이 보다 섬세한 시향으로 다가온다.

시인의 세계는 무엇을 담았는지 그의 시 세계에 들어가 「첨성대」, 「웅, 웅」, 「나목」, 「귀지 파는 여인」, 「진평왕릉」, 「토함산」, 「여 름」, 「감 꽃」, 「띠 띠 인생」, 「곰 취」를 시평 하고자 한다.

(1). 시적 발상이 두드러진 통찰력

첨성대는 신라 제27대 선덕여왕(632~647년)이 건축한 동양 제일 오래된 천문대로서 경북 경주에 있다. 삼국유사를 비롯한 여러 문헌에 등장하며, 높이 9.5미터이고 1962년 국보로 지정되었다. 건물을 지을 때 天體를 응용해 일 년을 기준으로 362개 돌을 쌓아 위로 올라갈수록 좁아져 안정감을 준다.

네모난 창 아래와 윗부분은 각각 12단으로 1년 12달과 24절기를 나눠 과학적으로 구축해 별자리를 보고 天體를 관측해서 농사짓는 절기를 알 수 있도록 고안했다.

12단 정 사각 개구 문의 창을 통해서 들어오는 빛의 양으로 춘하추동을 측정했다고 전한다.

어여라 차 달고야 어여라 차 달고야
천삼백구십여년전 달고 방아 찧어
땅을 다진 자리에 기단석 초석을 깔고
돌을 쌓기 위해 모난 돌 쪼아내고
삼백예순두 돌 쌓아 원통의 탑을 만들고
열두 단 위 정 사각 개구 문내고
스물일곱단위 두단으로 정자석을 올렸다
신라27대 선덕여왕 때 역사였다

열두단 개구문 안에서
흘러가는 별과 구름과 바람소리들
보름달 속 항아는

선덕여왕의 얼굴 이였으리

정자 석에 서서 분황사 황룡사 구층 목탑
계림 넘어 월성을 보고
신라 시조의 시체를 묻은 오릉
금관총 천마총 성골과 진골 마을
쪽 샘의 우물까지
사방을 다 보왔으리

천문을 관찰 분석하여
국태민안 태평성대
천년을 풍요롭게 살았으리라

천둥 벼락 지진 태풍에도
언제나 그 자리
영원토록 변함없기를...

- 「첨성대」 전문

"어여라 차 달고야 어여라 차 달고야"는 집을 짓기 위해 땅 다지며 부르는 민족의 소리이다. 신라 27대 선덕여왕 때 첨성대 기단석 초석 다지는 소리가 일천사백 년이 흐른 지금도 귓가에 들리는 듯 시인은 감성 깊은 영감을 불어넣어 표현하고 있다.

첨성대를 통해서 우주의 자연 순환이치와 농사짓는 절기를 알게 만든 신라 선덕 여왕의 업보를 보여 주고 있다는 시인의 깊은 역사적 통찰이 스며들고 있다.

천문학적 과학적으로 구축한 첨성대의 섬세함을 통해서 신라의 찬란한 천 년 사직을 조망하였고, "천문을 관찰 분석하여 국태민안 태평성대 풍요롭게 살았으리라"는 우주 천체의 자연법칙과 순환과정을 통해서 일 년 절기를 이용해 농사짓는 법을 터득해서 태평성대를 이뤄 천년을 풍요롭게 살았다는 시인의 깊은 시적 묘사와 감성이 유난히 빛나고, 시인의 선각자적인 예지력이 우리의 삶을 더욱 밝게 비춰주고 있다.

(2). 긍정적 사고방식은 때로 기적을 이른다.

성공에 이르는 지름길이며 세상사의 자연 원리로 통하는 신호이다.

미국 심리학 창시자 마틴 셀리그먼은 긍정적 가치와 사고방식을 통해서 정신질환을 치료하는 방법을 연구 발전시켰다. 긍정적 사고방식은 놀라울 정도의 기적 같은 결실을 보기도 한다.

  간절한 소망을 담아 보는 간절곶에 * 갔다
  수평선위에 떠오르는 해, 바다에 잠긴 해
  황홀한 형상을 보라 긍정의 글자가 있다
  하루를 연다 그렇다
  응, 응

  징게맹경외애밋들에 * 갔다
  지평선 아래로 지려는 해, 호수에 잠긴 해
  밤을 기다리는 긍정의 글자

하루를 닫는다 그렇지
응, 응

어둠의 씨앗을 잉태시키는 밤이 왔다
해가 달에게 뜨거움을...
카타르시스를 느낀 항아
인간창조를 하는 거지 그러게
응, 응

나누고 나누어 주는 글자 응
해와 달이 가지고 있는 것들
받은 만큼 베풀고 베푼다면
더불어 사는 세상이 온다
응, 응

- 「응, 응」 전문

"간절한 소망을 담아 보는 간절곶에 갔다"는 하루를 여는 자연의 일상 반복은 진리이며, 존재이다. 응, 응은 그렇지 그렇고말고 하는 시인이 자문자답하는 긍정의 신호이기도 하다.

"징게맹경외애밋들에 갔다"는 주야간에 일어나는 자연의 순환 법칙을 긍정의 신호로 받아들이고 있다.

여기서 하루를 여닫는 것은 자연의 순환 법칙이며 긍정의 해답이다. 자연은 인간을 창조하고 만물에 베풀며 더불어 사는 세상을 만든다. 시인은 눈에 보이지 않는 긍정적 사고로 세상을 밝게 비춰주는 적극적 사고와 예지력으로 창작 활동하는 성찰 깊은 시인이다.

(3). 서릿발로 감싸 안은 裸木은

  산천에서 하늘만 바라보고 자라며 서있는 나무는 인간 삶의 표정과 유사하다고 생각한다. 인간은 살면서 이동하지만 나중에는 늙어서 생을 마감한다.

  나무는 고정된 자리에 늘 있어 사는 방식은 다를지라도 전 생애를 살아가는 방법은 비슷하다. 조그만 나무가 자라서 무성하고 싱싱한 나무가 낙엽 지면 고목으로 서있고, 자연에서 비바람. 눈보라 맞으며 이겨내는 인고의 세월을 견디며 사는 나무의 삶도 의지의 표상일 것이다.

  裸木은 잎이 지고 가지만 앙상하게 남은 보잘것없는 초라한 나무를 가리킨다.

  시인은 여기서 기발한 시적 영감을 얻는다.

  裸木은 다른 말로 통렬한 아픔을 몸소 체험하며 미래를 위해 발돋움하려는 청춘의 상징으로도 표현한다. 현실에 만족하지 못하고 인간다운 삶을 영위하려 사력을 다하는 우리 모두의 자화상이기도 하다.

    내 몸을 휘덮는 새순 돋는 잎사귀
    녹음 짙어 꽃피고 결실結實 맺어 청춘을 다했다
    열매를 키우기 위하여 정성을 다하였다
    쓸쓸하고 차가운 갈바람
    탐스런 것 하나둘 내 곁에서

폭염에 동화된 휘감았던 잎사귀
생기마져 사그라져 가야할 채비다
떠나 가거라

천엽天葉이 되어라 나에 바람이다
회오리바람 따라 승천하고
청룡의 비늘이 된 푸른 잎새
검은 잎새 흑룡의 비늘이 되고
황룡의 비늘이 된 노랑 빨강 잎새
유유자적 하거라 평화로운 세상이여

모든 것 떠나보낸 나의 늦가을
동안거 들어갔다 발가벗은 몸
비가 오면 오욕五慾 씻어 버리고
가지가지마다에 떨어지는 우박
꺾이고 부러지고 멍이 들어도
기꺼이 받아 주리라 스트레스가 풀린다면
눈이 오면 솜이불 삼고 상고대도 만들고
나는 우직한 나목裸木이고 싶다

자아를 터득한 인고忍苦에 계절
동안거 끝내는 날
봄은 또다시, 찾아오고

- 「나 목」 전문

"내 몸을 휘덮는 새순 돋는 잎사귀 녹음 짙어 꽃피고 結實 맺어 청춘을 다하고, 열매를 키우기 위하여 자기 자신이 정성을 다했다." 라고 시적 묘사로 에둘러 표현하고 있다. 그러나 정성 들여 가꿨다는 화려함이 한 순간 초라한 자태로 변했다는 시인의 절망을 듣고 있다. 왕성하고 화려한 청춘이 가고 이제 떠나야 할 시간이 도래했다는 절망의 소리가 울리고, "모든 것 떠나보낸 늦가을 눈이 내려 솜이불처럼 피어난 서릿발 상고대에서 우직한 裸木이고 싶다"라는 체념한 상태에서 자포자기한 시인은 마음을 추스르고 있다.

"자아를 터득한 忍苦의 계절 동안거 끝나는 날 봄은 또다시, 찾아오고"있다고 한다.

한때 절망하면서도 다시 꽃피고 새우는 새봄, 새 희망을 갈망하는 시인의 애절한 절규가 처절하게 들어 나는 대목이 뭇사람의 심금을 울린다.

(4). 추억의 소야곡이 들리다.

귀지란 인간이나 포유동물의 귀 안에 쌓이는 노폐물을 말한다.

귀 안의 땀샘이나 분비물이 박리된 표피가 자라서 떨어져 나온 고막의 일부를 형성한 때를 말한다. 귀지가 너무 많이 쌓이면 고막을 압박해 청각에 문제가 생길 수도 있어 주기적으로 제거해 줘야 한다.

　　허벅지에 한쪽 귀를 대고 눕는다
　　귓가를 어루만지며
　　간지럽게 귓속을 희롱 하신다

손바닥을 벌려봐
귓속 나에 분신 몇 개를 꺼내 놓으신다
지저분하다 나를 가로막은 장벽들
뚫렸다 시원하다 맑은 멜로디가 들린다

슬그머니 하얀 허벅지를 더듬는다
움찔움찔 작은 움직임 느껴진다
여인의 샅* 감촉 내음새
깜깜한 애기의 궁궐子宮
내 고향이 여기에 있다

머리를 샅 쪽으로 잡아 당기며
마저 꺼내지 못한 그것을 찾는다
나는 스르르 꿈속에 빠져 든다
다독다독 여인의 손길 자장가
안락하고 평안하다

귀를 접고 손가락으로 톡톡 친다
천둥 번개 일장춘몽 깨우는 소리
귀지 파는 여인의 손길
따듯하며 포근한 느낌
보고 싶습니다
어머님 어머님 어머님

- 「귀지파는 여인」 전문

* 샅 : 다리와 다리사이, 사타구니의 표준말

어린 시절 말이 잘 안 들려서 말 안 듣는다고 꾸중하시며 나무라는 어머니의 허벅지에 누워서 귀지를 파서 귀가 시원하고 소리가 잘 들리는 경우를 많이 경험했으리라 생각한다. 그러한 풍경이 자못 옛날의 추억을 회상하듯 시적 묘사가 두드러지게 이미지화해 표현하고 있다.

귀속의 청각을 가로막는 지저분한 귀지를 파내 시원하고 소리가 잘 들리는 일련의 과정을 시인은 잘 그려 내고 있다. 귀지를 청소할 때 너무 시원해 잠시 꿈속에서 헤맨다고 시적 묘사로 비유를 들어서 서술한다.

귀지 파는 어머님의 손놀림이 자장가로 들리듯 꿈속에 빠져든다는 시인은 어린 시절 추억이 되살아나 어머님을 그리워하는 서정성의 시적 감각이 감동을 주고 있다.

(5). 역사로 되돌아보는 시의 세계

경상북도 경주시 보문동에 있는 신라 제26대 진평왕릉은 서기 632년경에 조성했다. 아래 둘레 10m, 높이 7m의 원형 토분으로, 현재 면적은 43,645㎡(13,000여 평)이다. 1969년 8월 27일 사적으로 지정되었다.

진평왕(성은 金, 이름은 白淨, 시호는 眞平, 567~632년, 재위 53년)은 신라 제26대 국왕이다. 삼국유사 역사서에 의하면 얼굴이 기이하고 몸은 장대하고 의지와 식견이 명철한 것으로 나온다.

그 이전에 법흥왕이 불교를 받아들이면서 신라 왕족의 이름에 불교 영향을 많이 받아 특이한 불교적 이름이 전해 내려오고 있다.

선왕이 영토를 늘려 놓았는데 왕이 집권하던 시기는 실지 회복을 위해서 또는 서로 세력 다툼으로 충돌해 고구려 백제와의 수시 전쟁을 치렀다. 집권 말기에는 칠숙의 반란이 일어나 어수선했다.

진평왕은 승려 圓光을 수나라에 사신으로 보내 고구려를 견제하도록 외교를 맺어 고구려, 백제를 압박했다.

612년 수나라 수양제는 113만여 명의 대군을 이끌고 고구려를 공격했으나 살수에서 을지문덕 장군에게 대패한다. 수나라는 국력이 쇠락해져 역사의 뒤안길로 사라지고 대신 새로운 당나라 정권이 들어선다. 그 이후에도 당나라와 외교를 맺혀 차기를 도모한다.

진평왕 때 圓光 스님에 의해 世俗五戒가 정해져 나라의 기둥인 청소년의 정신적인 지주가 되고 신라의 기강을 바로 세우는데 여러 가지 기여를 했다.

진평왕은 국방력을 공고히 하고 중국 수, 당나라와 친교를 맺어 삼국통일에 기반을 닦은 신라의 국왕이었다.

삼국사기에 의하면 진평왕 사후 슬하에 아들이 없고 딸만 둘이라 화백회의에서 맏딸 덕만공주를 추대해 선덕여왕으로 즉위한다.

진평왕은 김유신의 외숙부이고, 둘째 딸 천명공주는 진지왕 아들 용준과 결혼해 태종무열왕 김춘추를 낳는다. 후대에 김춘추와 김유신이 등장해 삼국통일에 지대한 공헌을 한다.

    추수 끝난 너른 들판 가운데
    고봉밥, 젖무덤처럼 우뚝 솟은 무덤 하나
    신라26대왕 재위 53년 진평왕릉에 갔다

    천년 동안 들녘에서 농부 소리를

봄이면 쟁기질소리 모내기 못 줄잡이
육자배기 흥겨운 가락 들었으리라

여름이면 김메기 호미질
철푸덕 철푸덕 흙을 갈아엎는 소리
소리 없이 피는 하얀 쌀 꽃 들었으리라

가을이면 벼 베는 소리
싸그닥 싸그닥 옆으로 누워 말리다
볏단 가져가는 발자욱소리 들었으리라

겨울이면 기러기 청둥오리 철새들
이삭 떨어진 들판에서
모이 먹는 주둥이 소리 들었으리라

경주시 보문동 들녘 가운데
천년동안 잠들어 가는 귀 열고
풍년가 소리 들으며 영생하소서

- 「진평왕릉」 전문

고구려 백제와 끊임없는 갈등과 전쟁, 그리고 한때 반란으로 편안한 날이 없을 정도로 국가가 어지러웠다.
 신라 제26대 진평 대왕이 모든 세속의 일을 접고 호사스러운 왕의 자리를 뒤로 물리고 영생불멸의 정신으로 저세상에 입적해 이승에서 못다

느린 고요하고 편안한 안식을 누리고 있다고 시인은 서술하고 있다.
　살아생전 백성을 위해 왕위 53년간 몸 바쳐 일궈낸 평화와 풍요로운 삶을 위해서 노력한 결과 천 년 동안 들녘에서 농부들이 농사짓는 육자배기 흥겨운 가락, 태평가 소리가 들려와 풍요로움을 노래하고, 들녘에서 농사짓는 민요가 귓가에 들여오고 있다고 시인은 노래하고 있다.
　여름이면 김 메기 호미질 소리에 어느덧 들녘을 덮은 하얀 쌀 꽃이 가득하고, 가을이면 벼 베는 소리, 겨울이면 기러기 청둥오리 철새들, 풍요의 들판에 온갖 새가 날아들어 즐겁고 행복한 새소리 들으며, 천 년 동안 잠들어 가는귀 열고서 풍년가 소리 들으며 영생하시라는 시인의 시적 묘사로 이미지화 그림이 잘 드러나고 있다.

(6). 동악의 호국 진산 토함산
　토함산은 경상북도 경주시 하동, 진현동, 덕동, 황용동, 문무대왕면에 널리 본포 되어있다. 태백산맥의 한줄기로 동쪽 해안을 따라 남북으로 감포에서 울산까지 연속되는 구릉 산맥에 토함산이 높이 솟아 있다. 토함산의 서쪽에 불국사, 동쪽에 석굴암이 있다. 동해의 수평선 위로 붉은 태양이 떠오르는 해맞이 토함산은 신라의 새벽을 여는 여명의 장소로서 장관을 이룬다. 신라시대 삼국사기, 삼국유사에도 등장하는 토함산은 산세가 수려하고 웅장해 東嶽이라 불러 호국의 진산으로 신성시하며 제사를 지내는 산이기도 하다.

경주시 진현동 산기슭에서
불국사를 경유하여 토함산*에 올랐다
감포 앞바다 대왕암
오리무중 안개
혼돈의 시대 앞이 보이지 않네

앉아주마
저 멀리 동해바다 태평양
다 볼 수 있도록…

모두 품고 내안에서
정화하여
맑은 공기로 되돌려주마
산 아래 불국사 석굴암
수려한 풍광
선명하게 볼 수 있도록

석굴암에서 바라본
감포 앞바다
문무대왕 수중암
갈매기 날갯깃 소리
여기 까지 들리다

허물 다 품어 주고
몸 삭여 정화하는
토함산이여…

- 「토함산」 전문

* 토함산 : 경주시 하동, 진현동, 덕동, 황용동, 문무대왕면에 걸쳐 있는 산(해발 : 745m)

　신라 천 년의 찬란한 역사를 간직한 경주 토함산은 불국사, 석굴암을 비롯한 유구한 문화재가 즐비한 이름난 명소이기도 하다.
　토함산 위에서 동녘을 바라보는 시인은 신라가 왜, 일천여 년 동안 찬란한 문명을 번성했는지, 그 이유를 자연에서 케어 올렸다.
　저 멀리 동해 태평양을 다 볼 수 있도록... 세계로 뻗어나가는 기상을 시인은 시에서 읊고 있다.
　석굴암에서 바라본, 감포 앞바다 문무대왕 수중 암 위에 평화롭게 날고 있는 갈매기의 날갯짓에 천년 사직 태평성대를 빗대어 시적 묘사로 에둘러 표현하는 시인은 보통 예사로운 눈매가 아니다.
　허물 다 품어 주고, 몸 삭여 정화하는, 토함산이여... 온갖 세상의 어렵고 힘든 사유를 모두 삭여 깨끗이 순화시키는 토함산을 서정성을 들여 빗대어 노래하고 있다.

(7). 한여름의 풍속도를 그리다.
　1년 중 제일 무더운 계절, 4계절로 나누면 봄과 가을 사이 여름은 6.7.8월에 해당한다. 한국의 여름은 햇살이 찬란히 내리비춰서 무덥고 나뭇잎이 무성하다. 북반구 여름은 낮이 길고 밤이 짧다.
　북태평양의 해양성 열대 기후세력권에 들므로 계절풍의 영향이 크고 고온. 다습해 무더운 날씨가 지속해 잠 못 이르는 열대야 현상도 일어나는 특징이 있다. 그래서 시원한 곳을 찾아 여름에 바닷가, 계곡으로 피서 간다.

  해수욕장
  강언저리
  계곡골짜기
  수영장

  피서를 즐기는 사람들

  으뜸 버금 부끄럼 가리개

  여자는 두 개
  남자는 하나

  이것만……

  여름 한철을 난다

      - 「여름」 전문

 여름 한 철은 고온다습한 더위에 못 이겨 바다로 계곡으로 피서를 간다. 그렇게 생각하는 시인은 보통 사람보다 표현하는 방법이 남다르다.

무더운 여름을 지내려면 가족과 지인끼리 피서 차 해수욕장, 강 언저리, 계곡골짜기, 수영장을 찾아든다.
　한여름의 단상은 여름은 누구나 더위에 걸친 옷을 벗어 던진다. 태곳적 원시인으로 돌아가나 최소한의 주요 부분은 가려야 하므로 시인이 지적하는 바와 같이 신체의 주요 부분만 가린다. 그래서 한여름에 많은 종류의 옷이 필요 없다고 비유를 들어 표현하고 있다.
　열대 지방에 사는 사업파트너는 사시사철 무덥고, 계절 구분이 별로 없어 러닝셔츠, 빤스 한 벌이면 일 년을 난다는 말에 수긍이 가더라는 말과 같이 일 년 내내 피복비가 절감된다는 말을 늘어놓는다. 시인은 무더운 여름철의 자연현상에 적응해 살고 있는 인간의 생활상을 시적으로 묘사해 잘 그리고 있다.

(8). 동심을 부르는 가을의 정취
　가을이 되면 감나무골에 나무마다 감이 주렁주렁 매달려 가을의 정취를 한껏 느끼게 한다. 감은 둥글고 주황색의 빛깔에 껍질은 광택이 돌아 만지면 매끄럽다.
　감나무 열매는 한자로 柿라 하며, 영어로는 persimmon이라 한다.
　완전히 익지 않아도 껍질이 단단하다. 단감은 가공이나 숙성 안 된 과육으로 달고, 과육에 물기가 적어 단단해 서걱대며 씹힌다.
　단감이 다 익으면 단맛으로 먹을 수 있지만 덜 익으면 떫어서 생으로 먹기가 곤란하다. 떫은 감을 익혀서 홍시, 연시, 반 연시로 만들어 먹는다.
　통상 떤 감이 익으면 단감이 되나 엄밀히 구분하면 다른 품종이다.

덜 익은 감(땡감)의 단맛을 내기 위해 소금물 또는 빈 술통에 담아 떫은맛을 빼내는 과정을 沈 담근다고 하며, 다른 말로 '삭힌다'라고도 한다. 단지 곶감으로 만들어 먹으려면 단단한 껍질을 벗겨 줄에 끼어서 공중에 매달아 말린다. 감은 비타민 A, C도 많아 눈 건강에 좋다.

초록 이파리 사이사이마다
연황색 꽃들이 진주처럼 열리고
팝콘처럼 튀겨서 떨어진 감꽃
고무줄에 꿰어 팔찌 만들고
진주목걸이 만들어
손목에 채워주고 목에 걸어 주니
해맑게 웃음 지은 얼굴에서
은은한 감꽃 향기 배어 나오고

모본단 브라우스 얼룩얼룩 감물 들어
혼나던 그때의 기억들
아련한 동심의 세계였지...

들녘에 황금물결 일렁일 무렵
노랗게 익어간 피부를 도려내
처마에 걸어 놓고...

농염한 누이처럼 익어간
홍시는 허공중에 대롱대롱
열 댓개 까치밥 남겨놓고

평상에 둘러 앉아 연시 홍시 먹고

산들바람이 분다
밤하늘 별들의 무리
감나무에 내려와 앉는다
허공중에 걸린 까치밥
미리내 별들처럼 아름답다.

- 「감 꽃」 전문

　어린 시절 감꽃을 따다가 줄에 꿰어서 진주 목걸이처럼 손, 목에 걸고 뽐내며 장난치던 순박한 동심을 자극하는 형상을 시인은 시적 묘사를 들어서 잘 표현하고 있다. 모본단 블라우스 얼룩얼룩 감물 들어 혼나던 그때의 기억들이 아련한 동심의 세계였지...는 깨끗이 차려입은 옷에 감물이 들어 부모님께 야단맞은 아련한 동심의 세계를 이미지화해 회상하고 있다.
　감나무에 매달린 몇 개는 까치밥으로 남겨 둔 채 하늘에 무수히 떠 있는 별처럼 아름다운 추억을 되살려 본다는 시인의 수사적 메타포가 그 옛날 유년 시절로 생활상을 끌어들이고 있다.

(9). 한국의 경제개발 고찰
　한국의 1950년대는 6.25 전쟁으로 전 국토가 유린 파괴되어 어렵고 힘든 세월이었다. 그런 연고로 세계에서 제일 못사는 가난하고 구차한 나라이었다. 해마다 연례행사처럼 겪는 보릿고개는 많은 아사자가 발생해 사회문제가 되기도 했다.

박정희 대통령의 5.16 혁명 이후 경제개발 5계 년 계획을 수행하며, 수출 확대 정책과 독일 광부, 간호사 파견, 베트남 전 참전, 중동특수, 아프리카 개발 참여 등 외화 획득을 근간으로 국가 경제발전의 원동력이 전개되어 세계사의 유례없는 급속한 경제성장을 이뤘다. 그로부터 70여 년이 지난 지금은 세계 10대 경제 대국, 선진국에 진입해 세계인이 부러워하는 '한강의 기적'을 이룩했다. 한편으로는 한미동맹을 기반으로 G8, 유럽연합, 한미일이 뭉쳐 러시아를 비롯한 대 공산권 국가에 대한 안보태세를 강화해 자주국방의 기틀을 마련했다. 해외로부터 원조 받던 나라가 원조하는 나라로 성장해 세계 유례없는 성과를 이룩했다고 세계인으로부터 부러움과 찬사를 받고 있다.

여기에 언급하는 띠띠 인생은 한국의 경제성장과 국방력을 토대를 마련한 근세 경제발전에 공헌한 주력 세력인 주인공들이다.

"띠띠"* 전자음이 울리자
차단벽 문이 열려 전철을 탄다 당당하게
객차 1호문 4호문 노약자 경로석. 2호문, 3호문으로 타지 않는다
젊음 사람들이 탈 수 있도록 배려하는 마음에서...

무임승차 청어*을 보는 따가운 눈초리
한창때 청어들이 노력과 흘린 땀

우리들이 있었기에 SOC*사업으로
너희들이 편리함을 누리는 거야

1960년 초부터 90년대까지
서독의 지하갱도에서, 환자들을 돌보던 간호사
베트남전쟁에서 목숨 걸고 받은 전투수당
중동의 건설현장에서 오일머니

도로·철도·공항·항만 등 교통시설을 만들고
전기·통신·상하수도·댐·공업 단지를 조성한 거란다
지금의 장년세대들이
SOC사업 자금에 일조했기 때문이다

"띠띠"와 함께 전철을 이용하는 어르신
당당하게 근엄하게 어른답게
당신들은 우대받을 권리가 있습니다.
"띠띠" 인생

- 「띠띠 인생」 전문

* 띠 띠 : 만 65세 어르신에 발급되는 지하철 카드, 사용 시 나는 전자음
* 청 어 : 청춘 같은 어르신의 약어
* SOC : Social overhead capital(사회간접자본) 생산 활동에 직접적으로 투입
   되지는 않으나 간접적으로 기여하는 자본

지하철을 탈 때 들리는 띠띠"* 전자음 소리가 들린다. 객차마다 1호문,

4호문에 노약자 경로석이 있다. 나라 발전에 지대한 공헌을 해 오늘날 눈부신 경제성장으로 선진국에 진입해 잘살고 있는 대한민국이 경제발전의 주역인 노령 세대 그 노고에 대한 보답으로 노약자 경로석을 이용하고 있다는 시인의 사유를 들어 은유적으로 잘 묘사해 표현하고 있다.

그네들이 있었기에 SOC*사업으로 너희들이 편리함을 누리는 거야 하고, 고생하며 해외에서 벌어들인 외화로 사회 기반 시설을 확충해 잘 살고 후세가 혜택을 받고 있다는 사실을 시인은 적나라하게 표현해 강조하고 있다.

마지막 연에서 "띠띠"와 함께 전철을 이용하는 어르신, 당신들은 우대받을 권리가 있습니다. 시인은 당당히 경제발전의 주역인 노령 세대의 노고에 대한 사유를 재차 수사적 묘사로 이미지화해 강조하고 있다.

(10). 산나물의 제왕, 곰취

곰취는 국화과에 속하는 녹색의 잎사귀이다. 우리나라를 비롯한 만주, 일본, 시베리아 등지에서 자생한다.

우리나라의 경우 500미터 이상 되는 고산지대에 주로 자라는 식물이다. 곰이 좋아하는 잎사귀라 해서 곰취라고 이름이 붙었다.

4월부터 6월까지 여린 잎을 뜯어서 무침 나물, 김치로도 담가 먹고 튀겨 먹기도 한다. 또한 장아찌로 담가 먹기도 한다.

잎이 연하고 향이 짙어서 '산나물의 제왕'이라고도 한다. 특히 돼지고기구이를 곰취에 싸 먹으면 특이한 냄새가 은은히 풍기는 향과 쌉싸름한 맛이 나서 독특한 맛이 난다.

우리나라에서 나는 곰취는 잎 모양, 맛이 약간 지역에 따라서 다르다.

먼동 틀 무렵
하얀 안개 기름을 짜
은구슬 만들고
진주보다 영롱한
이슬 머금은 초록 잎사귀
오뉴월 햇살에 반짝반짝

산비탈 으스름한 그늘진 곳
영월 목우산 반달곰 주전부리
넘어지고 미 끌어 지며
뜯어온 여린 잎사귀
곰 취 한웅큼 선물 받았다
한 쌈 싸서 먹으니 쌈싸름한 맛
친구의 손 맛 우정을 먹었다

곰 취 한 장 손바닥보다 더 크다
반쪽으로 나누니 간肝 모양처럼 생겼다
네 간도 빼준다는 믿음직한 의리를
새삼 나눔을 실천하는 친구가 보고 싶다
반달곰의 주전부리를 아내와 같이 먹으니
나는 우직스런 곰이 되었다.

-「곰 취」전문

자연 산비탈에 자생하는 곰취의 색깔이 진주보다 영롱한 이슬 머금은 초록 잎사귀 오뉴월 햇살에 반짝반짝 빛난다고 그리고 있다.
　다정한 친구로부터 선물 받은 곰취로 음식물을 싸서 쌈으로 먹는 수사적 묘미를 적절히 표현하고 있다.
　한 쌈 싸서 먹으니 곰취 특유의 쌉싸름한 맛이 짙은 우정의 맛으로 변해서 곰취의 특유한 맛이 의리의 친구가 간까지 빼준다는 사유를 들어 노래하고 있다.
　더욱 아내와 같이 곰취를 먹으니 우직스러운 곰이 된 양 시적 묘사로 시인은 형상의 나래를 펴서 이미지화 그리고 있다.

(11). 역사를 주제로 펼친 雲江 강창석 시인
　시는 시인이 평소 관심을 두고 있는 사물을 대상으로 시 창작하므로 그의 정서인 감수성이 주로 그 안에 내포되어 있다. 시인에게 어떤 정서가 주류를 이루는 가는 평소 그의 삶이 뒷받침될 때 비로소 시의 표정으로 나타난다.
　雲江 강창석 시인은 주로 역사의 사실적 근거에 의해 예리한 눈으로 자연과 인간 생활을 대상으로 하는 시의 주제를 정서적으로 그리고 있다. 앞으로 자연과 삶을 주제로 하는 시 쓰기로 무궁한 발전이 이뤄지기를 기대해 본다.

4

자연과 삶을 주제로 하는 서정성 시의 세계를 펼치다

신이 이은경 시인 시집 『1시 15분』

4

자연과 삶을 주제로 하는
서정성 시의 세계를 펼치다

신이 이은경 시인 시집 『1시 15분』

가. 詩란 언어예술의 꽃이라고 한다.

詩는 작가의 사상과 정서로 상상력을 발휘하여 운율적 언어로 압축하여 표현한 높은 정신의 예술이라 한다.

시의 표현 방법은 여러 가지가 있으나 그중 주요 수사법을 크게 나누면 비유법, 강조법, 변화법 등 3가지로 나눌 수 있다. 그 활용 방법도 시어와 글 구절에 따라서 조정하며 사용할 수 있어 표현의 다양성을 보장한다.

그런 관계로 시 창작을 잘하면 어휘력이 풍부해 비유와 은유를 섞어가며 고상한 말, 보통 말, 비천한 말로 능수능란하게 구사할 수가 있다. 또 사리에 알맞은 언어를 골라서 하므로 말을 잘한다는 평판을 들을 수가 있다.

그 예로 공자(孔子, B.C. 552~B.C. 479)의 시경에 '不學詩無以言' 시를 공부하지 않으면 지혜로운 말을 할 수가 없다.' 라고 한다. 또 '詩三百思無邪' 시를 삼백 편 읽으면 마음속에 사악한 생각이 사라진다.'라고 시경에서 논하고 있다. 그런 연고로 문인에게 시 창작은 삶의 의미이며 생존의 본능이다.

나. 시인은 자기의 畵板에 무엇을 담았나.

 詩를 창작하는 시인은 자신의 표정을 그린다. 시인이 평소 생각하고 느끼고 체험하고 바람을 시어로 자기 내면을 고백하는 관계로서 시인이 쓴 시는 곧 자신이다.

 그러므로 시인이 세상밖에 내어놓는 시는 시인의 거울을 들여다보는 것과 같다.

 다시 말해서 시인의 정신세계가 시어로 표출되는 과정이라고 말한다.

다. 이은경 시인의 시 세계

 2018년에 시집 『1시 15분』을 발간하고, 동인지 2018 창간호 시담현대계간문학작가회 화집에 시를 실었다. 시인은 세상은 하나님이 창조하신 그 모습 그대로 아름다우며 삶의 애환을 아름답게 승화시키는 것이 시인의 몫이라고 강조한다.

 자연과 삶을 노래하는 시인의 시에 무엇을 담았는지 알아보기 위해서 그녀의 시 세계에 들어가 「틈새」, 「순리」, 「운명」, 「장기」, 「충무김밥」, 「폭염」, 「착각」, 「코스모스」, 「끝의 시작」, 「한 밤의 솔리스트」, 「80년대식」, 「가을 소리」, 「손」을 선정해 시평 하기로 한다.

(1). 생활의 지혜로 틈새를 열다.
자연에 대하여, 틈새란 벌어져 난 틈 사이를 통상 틈새라 한다.

부족함은
완벽함을 이긴다

돌 틈 사이로
바람길 열어주는
제주도 돌담

성긴 틈새로 바람오고
눈비 스며들어
굳어지는 땅

틈새도 좋지만
봉합 과정에 가치는 더해진다

천지간에 완벽한 것 없고
부족함은 자연의 이치

이를 바라보는 눈은
오르지 인간의 몫이다

- 「틈새」 전문

제주도는 三多의 섬이다. 고래로부터 내려오는 말로써 돌, 바람, 여자가 많다고 한다.

제주도는 활화산으로 형성된 섬으로서 전체가 온통 화강암으로 만들어졌다. 지표 1~2m 정도만 파내려 가면 영락없이 바위가 나온다. 그 부서진 바위 조각을 이용해 구멍이 숭숭 뚫린 돌로 집 둘레 담벼락을 쌓는다. 벽돌 사이에 얼기설기 쌓아 구멍이 난 틈새가 생긴다. 바람이 많은 제주도는 무서운 태풍이 수시로 몰려오기도 한다.

돌 틈새 사이로 눈비 바람이 통과하는 길을 열어주는 제주도의 돌담은 엉성하게 보여도 무너지지 않는다는 시인은 틈새도 좋지만 이어 올린 돌담의 봉합 과정에 시인은 더 높은 가치를 두고 있다고 시적 묘사 비유를 들어 잘 그리고 있다. 위 시 구절에서 보는 바와 같이 태풍이 휘몰아치는데도 그 벽돌 사이사이 구멍을 통해서 바람이 빠져나가 담벼락이 무너지지 않고 그대로 받쳐준다고 이미지화해 객관적 사실을 수사적, 정서적으로 꼬집어 말한다. 시인은 돌담의 불완전한 상태에서 안전을 구축한다는 자연의 원리를 이처럼 세세한 관찰력을 통해서 예시하고 있다. 시인은 이 기막힌 사실을 시적 묘사를 통해 자연에서 찾아내 시를 캐낸 것이다.

(2). 자연의 순리란 무엇인가?

순리란 순한 이치나 도리이며, 도리나 이치에 순순히 따르는 순종을 뜻한다.

물은 높은 곳에서 낮은 곳으로 자연스럽게 흘러가는 것처럼 세상의 이치나 도리대로 어긋나지 않고 살자는 뜻이 내포되어 있다.

　　물은 높은 곳에서 낮은 곳으로 흘러
　　바다로 향한다

　　작은 샘에서 시작된 물줄기가
　　큰 계곡에서 합쳐져
　　분란이 없고
　　동행하고자 물에 의탁하면
　　가벼운 것은 띄우고
　　무거운 것은 가라앉힌다

　　행여 잘못 들어선 길이 호수에 머물러도
　　비가 되어 순환하며
　　다음 여행을 꿈꾼다

　　가다가 막히면 여럿 모여 넘든가
　　우회함에 조급하지 않고
　　포기를 모른다

　　물이 가는 곳이 길이 아니라
　　물이 행하는 것이 길이다

　　　　　　　　　　-「순리」 전문

자연은 순리대로 움직인다. 물은 하늘로 증발해 비가 와 지상으로 스며들며 강과 바다로 흘러든다. 계절마다 기후에 따라서 특색 있는 자연의 원리대로 순환 작용한다.

  물은 높은 곳에서 낮은 곳으로 흘러서 바다로 향한다. 라는 시구절은 물은 자연의 순리대로 작은 샘에서 시작한 물줄기가 큰 계곡으로 모여 호수, 강과 바다로 흘러든다. 라는 자연의 원리와 순환과정을 시적으로 사유를 들어 보여주고 있다. 물은 자연의 원리대로 순환해 자연을 가꾸고 생물의 삶에 활력을 불어넣어 주는 주요한 역할을 하고 있다.

  물이 가는 곳이 길이 아니라 물이 행하는 것이 길이다. 라고 강조하는 시인은 시를 통해서 자연의 순환과정을 꿰뚫어 보고 시적 묘사로 비유를 썩어가며 적나라한 시어로 자연의 순리 현상의 예시를 들어가며 잘 표현하고 있다.

(3). 運命이란 무엇인가?

  運命이란 인간을 지배하는 초인간적인 힘, 이미 정해져 있는 생사존망에 관한 처지 등을 말한다. 사람에게 주어진 피할 수 없는 결정을 운명이라고 한다면 인간은 때때로 자기 운명이 미래에 어떻게 전개되나 하고 늘 궁금증과 관심을 갖고서 알아보고 그에 대처해 좋은 방법으로 해결하려고 노력할 것이다.

  고로 운명은 변하고, 숙명은 변하지 않는다는 말이다. 운명과 숙명을 어떻게 조화시키며 살아가는가는 각자의 노력 여하에 달려 있다. 운명은 정해져 있지 않고 내가 마음먹은 대로 수행한 결과, 모든 선택은 단지 나의 자유 의지에 따라서 결정된다고 생각한다면 그것도 꽤 고통스러운 사고의 결론에 도달한다고 할 수가 있다. 그래서 모든 인간은 자기의 삶을 윤택하기 위해서 끊임없이 노력한다.

삶은 이미
정해진 길을 따르도록
강제된 것일까

그 길을
조금이라도 들여다보고 싶은
인간의 호기심이 별자리를 읽거나
패를 늘어놓거나 카드를 조합하기도 한다

사과를 손에 들고 있다
손을 놓으면 사과가 떨어진다

인간이 엿볼 수 있는 것은
그러한 세상의 이치뿐

떨어지는 사과가 운명이라면
손을 놓는 것은 선택이다

인간은 삶을 통해
수많은 선택을 해야 하고
노력 여하에 따라서 갈래가 생긴다

운명은 스스로의 선택과 노력으로
만들어 진다

- 「운명運命」 전문

　삶은 이미 정해진 길을 따르도록 강제된 것일까. 하고 시인은 의문을 제기한다.
　그러나 인간은 자기가 살아 나가는 그 길을 조금이라도 알고서 그에 최선을 다해서 대처하고 싶은 것이 인간의 호기심이며 심리이다. 라고 표현한다.
　그래서 인간은 운명을 개척해 나가기 위해서 별자리를 읽거나 패를 늘어놓거나 카드를 조합해 자기 앞날의 운명에 잘 대처하려는 것이 인간의 마음이며 심리라고 시인은 인간의 본성을 시어로 에둘러 잘 그리고 있다.
　사과를 손에 들고 있다가 손을 놓으면 사과가 떨어진다. 라는 자연의 원리는 뉴턴의 만유인력의 법칙에서 그 증명을 잘 보여주고 있다. 시인은 떨어지는 사과가 운명이라면 손을 놓는 것은 선택이다. 라고 진실을 설파한다. 그래서 인간은 때에 따라서 수많은 선택을 해야 하고 그 노력 여하에 따라서 자기의 운명이 스스로 결정된다는 사실을 시적 묘사 비유를 들어서 에둘러 잘 표현하고 있다.

(4). 장기 놀이 문화에 대하여
　장기는 동양에서 즐기는 게임으로 청과 홍으로 나누어 각 16개 총 32

짝을 가로 10줄, 세로 9줄로 그려진 네모꼴 장기판에 포진시켜 승패를 가리는 지능적 오락이다.
　장기는 4천여 년 전에 인도에서 발명해 게임 놀이로 이용하다가 인도-중국-한국-일본으로 전파되었다 하며 국가마다 게임 놀이가 조금씩 다르지만, 서양으로 퍼져나간 것이 '체스'로 발전했다고 한다.
　한국적 장기로 정착된 시기는 고려 초기로 본다는 설이 있다. 장기 놀이는 작전을 구상해서 적을 무너뜨려 승부를 내는 민속놀이 게임을 말한다.

　　　포를 내어주고
　　　차를 취하자
　　　상대가 동요한다
　　　승패는 결정됐다

　　　바둑은 조화
　　　장기는 승부

　　　한 하늘아래
　　　태양이 둘 일수 없듯
　　　두 개의 궁은
　　　조화를 이룰 수 없다

　　　저마다의 역할을
　　　몸통에 아로새긴 장수들
　　　감출 수 없이

뻔히 보이는 진영

담백하면서도
치열하다
속임수는 존재 불가
전략에 의존할 뿐

완상인가 오른상인가
안상 아니면 바깥상
상대도 나도
몇 번 차림을 변경한 후
새 전투가 시작된다

- 「장기」 전문

 치열한 머리싸움의 진수를 보는 것 같다. 핵심을 잘못 짚으면 바로 죽는다. 상대가 눈치채지 못하게 지략을 써서 상대편 기세를 꺾어야 한다.
 상대도 나도 몇 번 차림을 변경한 후에 새 전투가 시작된다. 바둑은 조화이고, 장기는 승부로 결정짓는다. 이기고 지는 것은 장기판에서 결판나고 최후의 승자는 지구상에 오로지 태양을 상징하는 하나뿐이다. 강자와 약자와의 싸움에서 생존 법칙이 적용되는 순간을 잘 이미지화하고 있다.
 시인은 막상막하의 장기판 놀이 게임에 몰입하는 것처럼 전투 장면을 적절히 시적 묘사로 비유를 들어서 에둘러 표현하고 있다.

(5). 충무김밥은 시간에 쫓기는 사람을 위한 간편식이다
　경남 통영에서 시간에 쫓기는 승객을 위해 연안 여객선 내에서 팔던 김밥의 한 종류이다. 김밥과 반찬을 나무 꼬치로 꽂아서 먹는다.

서로 끌어 당긴다

가까이 있을수록
더욱 강하게
끌어 당긴다

함께 섞어버리면
가치를 잃어

달이 지구를 맴돌 듯
적당한 거리에 놓여져
따로 또 같이

그게
조화의 맛이다

　　　　　　　　　-「충무김밥」 전문

　충무김밥은 정말로 볼품이 없다. 흰밥에 달랑 김으로 쌓아 일반 김보다 가늘고 너무나 단순하다.

통상 김밥 속에 갖은 재료 시금치, 푸성귀, 당근, 우엉, 단무지, 계란, 소고기 등등을 잘게 썰어 김밥 속 재료로 넣어야 하는데. 충무김밥을 먹으려면 별도로 반찬과 국이 필요하다.

시인은 김밥과 별도로 준비된 다양한 반찬을 곁들여 먹는 것을 좋아하는 모양이다.

'서로 끌어당긴다,' 라는 도치법으로 시 글귀가 맨 앞에 서서 상황을 강조하는 표현이다.

이렇게 만든 김밥은 흰밥과 김이 서로 강하게 붙어 끌어당길 수밖에 없다.

이 시인은 세밀한 관찰력으로 수사적 기법을 써서 시적 묘사로 그 내면을 알아차리고 이 시를 얻었다.

(6). 폭염은 무덥고 지루한 날 견디기 어려운 생활상은 말하다.

여름철에 매우 더운 날씨가 지속할 경우 기상청에서는 폭염주의보와 폭염 경보를 발령하고 있다. 통상 낮 최고 기온이 섭씨 33도 이상 더위가 2일 이상 지속할 경우 폭염 주의보, 낮 최고 기온이 35도 이상 더위가 2일 이상 지속할 경우 폭염 경보를 발령한다.

이럴 경우 야외에서 햇볕을 많이 쬐면 인체에 해가 될 수 있으므로 가능하면 야외 활동을 자제하고 충분한 수분을 섭취해야 한다.

시원한 바람이
문 하나에 가로 막혀
순환장애를 앓는다

세상만사 순리대로
흐르지 않으면
부작용이 생기는 법

저 건너편에
치졸함을 몰고 오는
배려 없는 고기압이
고온 다습을 강요하며
푹푹 삶는다

문을 닫는 건
내 의지가 아니었다
더운 선풍기 바람
냉소로 꽁꽁 얼린 생수통
이리저리 굴리다가
던져버린다

- 「폭염」 전문

　우리가 한여름을 지내며 바람도 잠잠하고 강렬한 햇볕에 온 세상이 고온으로 가열될 경우 무더위에 지쳐서 누구나 살기 어려워 그 상황을 헤어나려고 몸부림을 친다. 바람 한 점 없고 통풍이 잘되지 않는 경우는 더욱 한증막 같은 느낌을 받아서 더 그렇다.

시원한 바람이 문 하나 사이에 가로막혀 순환장애를 앓는다. 라는 시인은 바람 한 점 없는 더위에 지친 절규에 우리가 모두 그 상황을 호응한다.

세상만사 순리대로 흐르지 않으면 부작용이 생기는 법이라고 그 모습을 확실히 짚고 넘어가는 시인은 고기압으로 불덩이처럼 달아오른 폭염을 적나라하게 표현하고 있다.

선풍기 바람, 얼음 얼린 생수 등을 안고서 무더운 폭염을 피하려 하나 잘 안되어 자포자기하는 시인의 고통스러운 심정을 수사적 묘사로 잘 그리며 표현하고 있다.

(7). 착각이란 무언인가?

어떤 사실이나 현상, 사물을 실제와 다르게 알거나 생각하는 것이다.

착각은 외부에서 제공한 정보가 불확실한 경우는 입력된 정보가 혼란을 유발해 착각의 여지를 줄 수도 있다.

  이별을 슬퍼하며
  잎을 떨구는 바람의 이중성에
  갈피를 못 잡는 이들

  사랑하기에
  이별한다는 연인의 말에

혼란을 겪는 이들

갈대가 억새가 되고
억새가 갈대가 되는

진짜가 가짜 같고
가짜가 득세하는

본질은 어렵지 않아
잘 생각 해 보면 알 수가 있지

- 「착각」 전문

 정확한 사유에 의거 본질을 파악해야 하나 잘못 생각하고 판단한 거짓 정보에 그게 옳은 것처럼 생각하고 행동하는 행위가 안타깝다는 심정을 시인은 갈파하며 지적하고 있다.
 사랑하기에 이별한다는 연인의 말에 혼란을 겪는 이들이 있고, 갈대가 억새가 되고 억새가 갈대가 되는 경우도 착각하고 또 진짜가 가짜 같아 가짜가 득세하는 혼란스러운 세상에 착각은 근본적인 원인을 분석해 보면 분명히 알 수 있다는 시인은 착각하며 방황하고 있는 사유를 들어서 지적하며 그 착각의 예로 비유를 들어서 시적 묘사로 적나라하게 그리고 있다.

(8). 가을의 정취를 말하는 코스모스꽃

  가을 들녘을 호화스럽고 화사하게 여러 색깔로 수놓아 바람에 하느적 하느적 흔들리며 드높은 파란 하늘과 더불어 우리 모두 가슴에 와닿는 코스모스야말로 가을의 진한 향기를 느낀다. 본래 코스모스(Cosmos)는 그리스어로 질서를 의미한다. 고대 그리스 인들은 주위와 잘 어울려 만물을 조화롭게 질서를 유지해서 평화스러운 삶을 유지한다고 전해 내려와 곧 질서유지는 우주를 생각게 해서 우주(Cosmos)라는 용어가 생겼다고 전해 내려오고 있다.

    가을을 노래하는
    들길 따라

    너는 높은 음 자리
    나는 낮은 음 자리

    우리는
    높음과 낮음의 조화

    바람결 지휘 따라

    너무 과하지도
    쉽게 꺾이지도 않아

    송이 송이마다
    아름다운 향기로 피어 오르는

순결한 사랑이어라

　　　　　　　　- 「코스모스」 전문

　가을의 상징은 드높고 파란 하늘, 코스모스와 고추잠자리는 서로 잘 어울리는 앙상블이다. 더욱 오곡백과가 무르익어 누렇게 변해가는 황금 들판 수확의 계절, 가을의 들녘은 수확의 풍요로움이 우리의 가슴을 부풀게 한다.
　가을을 노래하는 들길 따라 높고 낮은음 자리로 조화를 이뤄서 시원하게 불어오는 바람결에 과하지도 않고 유연하게 송이 송이마다 아름다운 향기로 피어오르는 순결한 사랑이 가을의 정취와 더불어 우리의 마음에 한없는 감동과 향연을 주고 있다는 시인의 시적 묘사가 두드러지게 이미지화해 노래하고 있다.

(9). 일의 시작과 끝은 존재한다.
　어떤 일의 시작은 반드시 끝이 존재한다. 모든 일은 끝이 있기 때문에 그로부터 또 시작은 결국 끝에서 다시 시작한다는 평범한 진리의 말이다.

　　　거실 깊이 들어온 햇살
　　　더 길게 자란 그림자

태양의 고도가 낮아졌을까
부정확한 내 눈어림은
자신할 수 없는데

새벽녘 선선한 바람이
홑이불 속으로 파고 들어
확신을 심어준다

민소매에 반바지
흐르는 땀 여전해도

곁말 뻔한
무대의 종장
차라리 홀가분하다

카르페 디엠(Carpe diem)!

마지막 더위 즐겨나 보세

- 「끝의 시작」 전문,

   한여름 더위에 한동안 몸살을 앓다가 이제 서서히 온기가 떨어지는 촉감을 느낀다는 시인은 예리한 관찰력으로 우주의 돌아가는 계절을 감지하고서 그 원인을 길게 자란 햇살의 그림자에서 찾고 있다. 그 얼마나 예리한 통찰인가. 여름에는 바로 머리 위에 태양이 떠서 지나가는데 가을 겨울로 접어들면 지구는 남회귀선으로 내려가 태양이 돌고 있어 햇빛이 길게 늘어져 들어온다.

태양의 고도가 낮아졌을까 부정확한 내 눈어림은 자신할 수 없는데, 이 시의 구절에서 시인은 맹위를 떨치던 더위도 이제 서서히 사라지고 있는 현실을 자연에서 캐어내 시적 묘사로 그리고 있다.

이제 여름도 다 가고 있으니 나름대로 즐기자는 이 시인은 카르페 디엠(Carpe diem)이라는 의미심장한 용어로 여름의 끝장을 알리고 있다.

카르페 디엠(Carpe diem)은 고대 로마시인 호라티우스의 라틴어 시의 한 구절이다.

흔히 '오늘을 즐기라' 라고 인용하는 용어이다.

(10). 한밤의 솔리스트, 귀뚜라미 소리의 향연

솔리스트는 프랑스어 Soliste로서 영어로 Soloist이며, 솔리스트는 독주(독창)가라고 한다. 또한 Solo는 독창(곡)으로 표기하며, 음악이나 발레 공연 시 홀로 나와 연기를 펼치는 사람을 말한다.

    자정 넘어
    잠 못 이룰 때

    돌연 들려오는
    귀뚜라미 소리

종일
보이지 않더니
곡을 구성하고 있었구나

베이스가 약하고
음정감은 떨어지며
중고음역대에 몰린 듯하지만

스테레오도 아닌
모노로 들어오는 독주가
귓가에 부드럽네
단조로운 듯 반복되는 멜로디는
라벨의 볼레로가 연상되며
바흐의 무반주 첼로 모음곡처럼 감미롭다

절로 꿈길에 빠져드는

귀뜨라미는 연주의 거장이다.

- 「한 밤의 솔리스트」 전문

  시인은 한밤중에 들리는 귀뚜라미 소리에 잠 못 이루고 뒤척이고 있다는 시적 표현이 너무 감상적이다.
  돌담 밑에서 한밤중 조용히 들려오는 귀뚜라미 소리는 가냘픈 베이스로 약하게 들려와서 음정 감은 조금 떨어지지만, 중고 음역대에 몰린 듯

하다는 시인의 감성 어린 말이 너무 감미롭게 들린다.

음악 소리는 스테레오도 아니고 모노로 들어오는 독주가의 열창으로 귓가에 부드럽게 들려서 한밤중 귀뚜라미 소리를 자장가 삼아 잠 못 이르고 지새는 수사적 이미지가 선하게 눈앞에 다가온다.

단조로운 듯 반복되는 멜로디는 라벨의 볼레로가 연상되며 바흐의 무반주 첼로 모음곡처럼 감미롭다, 라고 하며 그 소리에 취해서 스르르 잠이 들어 절로 꿈길에 빠져드는데 귀뚜라미는 연주의 거장이다, 라고 시적 묘사를 들어서 노래하고 있다.

우리는 깊은 가을밤에 요란하게 울어 대는 여러 종류의 곤충 울음소리. 오케스트라 합주곡에 밤잠을 설친 경험이 있는 독자에게 이 시는 리얼한 시적 묘사로 이미지화해 잔잔한 감동을 불러온다.

(11). 80년대식 경제개발의 삶의 흔적을 찾아서

한국은 한참 경제개발에 사회와 시대가 급속도로 변하는 세상에 살며 '한강의 기적'을 이루는 숨 가쁘게 돌아가며 변하는 격동의 시대에 살고 있었다. 그 시대로 잠시 돌아가 회상하며 아름다운 추억을 되뇌는 시인은 그 시대상을 잘 보여주고 있다.

아담한 뮤직 박스 안에서
멋진 장발의 DJ가 신청곡을 고르다
아바의 노래를 흘러 보낸다

앨범을 뒤적거리며
문 담배 한 개비
살짝 윙크를 보낸다

미소로 응답하며
설탕 두 스푼 프림 한 스푼으로
하얗게 동그라미를 그리며
음악에 빠져든다

문득 손목시계를 보니
약속 시간이 벌써 20분 지났다

답답한 마음에 자리에서 일어나
입구 쪽 공중전화로 향한다

은빛 외관에 누름단추가 달린
새로 나온 공중전화

알뿔사!
10원짜리 동전이 없다

다행히 앞 사람이 잔액을 남기고
수화기를 공중전화기 위에 올려두었다

눈빛 인사를 건넨 후
친구 집에 전화를 하니
이미 삼십 분 전에 출발했다고

친구 엄마는 말한다

어휴 일찍 좀 서두르지

지하철 2호선이 개통되어 그나마 다행이다
조금 있으면 도착하겠지

- 「80년대식」 전문

시인은 80년대 뮤직홀에서 일어나는 청춘남녀의 자화상을 아름다운 시어를 통해서 그림처럼 그리고 있다. 시를 들여다보면 뮤직홀에서 무슨 일이 지금 벌어지고 있는지 수사적 묘사를 들어 리얼하게 그리고 있다.

음악은 마음의 양식이다. 그 당시 대학생의 여가 선용으로 몸과 마음을 추스르며 쉬는 안식처는 뮤직홀이 최고였다.

아바(ABBA)는 1973년 데뷔한 스웨덴 4인조 2쌍 부부 그룹이다.

그들의 노래는 사랑스럽고 매혹적인 음성의 멜로디로 만인을 유혹한다. 대표적인 노래로 '맘마미아'가 영화화했다. 그 시대 우선 돈을 벌어야 하므로 대중에게 인기가 많았던 머니 머니 머니(Money Money Money) 노래는 젊은이들에게 어필되어 가슴속을 파고들어서 유명세를 탔다.

시란 너무 수사적 비유, 은유를 써서 난해해 독자들이 무슨 뜻인지 모르면 진정한 참된 시가 아니다. 시는 독자와 함께 호흡하며 감동을 주며 가는 것이지 자기만 아는 길로 혼자 가는 게 아니다. 시는 사람의 말을 가장 아름답게 표현해 보이는 문학의 한 장르로서 아름다운 시어로 표정을 그린다. 그래서 '영혼의 노래' 라고도 부른다. 그런 면에서 시인은 시적 묘사에 진정성이 보인다. 시어의 흐름과 내재율이 너무 좋다.

다만 위아래 시 구절에 맞춰서 '이미 삼십 분 전에 출발했다고'를 '이미 30분 전에 출발했다고'로 시어를 통일해 쓰면 좋겠다.

(12). 오색 단풍에 낙엽 지는 가을의 정취

년 중 계절마다 그 계절의 특유의 풍경소리가 있다. 봄은 화사한 꽃에 날아드는 나비 소리, 여름은 무성하고 싱그러운 녹색의 나무와 활기찬 새소리, 가을은 흩날리는 낙엽 소리. 강풍에 고개 저는 갈대와 억새밭 소리, 나그네 휘파람 소리, 겨울은 온천지를 흰옷으로 갈아입고 차디찬 서북 한설 풍에 움츠려드는 삭풍의 소리가 우리의 기억을 되돌린다.

가을은
나그네 휘파람 소리

갈대의 춤은
바람이 흐르는 것이라네

가을빛
반짝이는 저 멀리

들국화 향기는
흔들리는 일기장 속으로 숨어

깊어가는 날

눈부신 손짓으로
이별을 불러들이네

- 「가을 소리」 전문

 가을은 사색의 계절이다. 온 천지가 오색 단풍으로 불타는 산야, 드높은 파란 하늘, 오곡백과가 무르익어 풍요로움을 주는 계절, 가을의 풀벌레 소리, 낙엽 밟는 발자국 소리, 둘레길 함께 걷는 동료의 웃음소리는 깊어가는 가을의 정경에 우리의 심금을 울린다.
 가을은 나그네 휘파람 소리에 서늘하게 불어오는 사그 작 사그 작 춤추는 갈대 소리가 뭇사람을 감상에 젖어 들게 한다.
 가을빛에 반짝이며 다가오는 들국화 향기는 일기장 속에도 그려져 추억의 장으로 남는다. 가을의 길목에서 낙엽이 땅바닥에 떨어져 둥글며 굴러가는 소리는 이별을 불러들이는 눈부신 손짓이다. 아름다운 가을 추억이 세월의 뒤안길로 서서히 사라지는 풍경을 못내 아쉬워 그리워하는 시인은 가을의 향수를 오래 지속하고자 가을의 소리를 시적 묘사로 노래하고 있다.

(13). 수족처럼 움직이는 손은 우리 몸의 보배이다
 손은 신체의 일부분으로 팔뚝, 손등, 손목과 그 끝에 달린 다섯 개의 손가락은 물건을 만지거나 집거나, 일하는 신체의 주요한 역할을 하는 기관이다.

> 어느 날
> 문득 느낀 통증
> 이제야 너를 바라본다
>
> 거칠고 쓰려도
> 묵묵히 삶을 가꾸던
>
> 쉼도 주지 않고
> 달려오기만 한 세월
> 미안하고 고맙다
>
> 아름다운 꽃을 보면
> 마음 대신하여 쓰다듬어 주었고
> 가끔씩 슬퍼지는 눈물 닦아주던 너
>
> 기타와 음악은
> 내 삶의 큰 위안이고 행복이었다
>
> 이젠 그 동안의 무거웠던 짐들을
> 잠시 내려놓으렴
>
> 네가 다시 연주를 하고
> 내가 노래로 화답하는 그날을 위해
>
> -「손」전문

손은 그 사람의 일상생활에 모든 일을 도맡아 하는 주요한 기관이다. '모든 일을 도맡아 해 주고 도움을 주는 사람을 손발처럼 움직인다.'라고 한다. 잡일을 손으로 하는데 손이 아파 보지 않으면 그 편리성과 역할의 중요성을 잘 모르고 지낸다.

그토록 주요한 손이 혹사로 다쳐서 통증을 느끼고 제 역할을 못 하고 있을 때 그 아쉬움은 이루 말할 수 없는 고통을 수반한다. 거칠고 쓰려도 묵묵히 삶을 가꾸던 손이 어느 날 통증을 느낄 때 비로소 쉼도 주지 않고 달려오기만 한 세월에 미안하고 고맙다고 느끼는 시인은 슬플 때나 기쁠 때 눈물을 닦아 주고 기타를 칠 때나 음악을 할 때도 도움을 주는 손은 큰 위안과 행복을 주고 있다고 노래한다.

모든 일을 먼저 대신해 주는 손에 고마움을 느끼고 있다는 시인은 평소 범인이 느껴보지 못하는 시적 묘사로 비유를 들어서 진지한 감동을 주고 있다.

(14). 이은경 시인의 시 세계를 들여다보다.

시인은 시 창작의 본능을 지니고 삶의 의미를 부여해 진리를 찾는다고 해도 쉽게 좋은 작품을 얻을 수가 없다. 시상을 찾기 위해서는 늘 깊은 고뇌와 번민으로 오랜 시간을 보내며 방황해야 하고 때로는 극한 상황에서 몸부림치며 귀중한 시 주제의 광맥을 탐색해 캐어 내야 한다.

여기 나오는 시는 대다수 자연의 원리를 기초로 한 예리한 통찰력에서 나오는 사유가 많았다.

이은경 시인은 그런 점에서 돌이켜 볼 때 자연에서 비밀을 캐어 내는

데 능력과 일가견이 있다고 생각한다. 앞으로 시 창작에 더 정진해서 좋은 시가 나오기를 기대한다.

5

자연과 삶을 주제로 하는
시 쓰기의 향연

권정희 시인 시화집 『2018 창간호 현대시담 현대계간문학작가회』

5

자연과 삶을 주제로 하는 시 쓰기의 향연

권정희 시인 시화집 『2018 창간호 현대시담 현대계간문학작가회』

권정희 시인은 시집 『두 번 피는 꽃』을 발간하고, 동인지 『내 가슴에 너를 부를 때』시를 발표한 시인이다.

가. 詩란 무엇인가

시는 작가의 사상과 정서로 상상력을 발휘하여 운율적 언어로 압축된 이미지를 표현한 높은 정신의 예술이라 한다.

다른 말로 풀이해서 문학의 한 장르이며. 자연이나 인생에 대하여 일어나는 감흥과 사상 따위를 함축적이고 운율적인 언어로 표현한 글이다. 여기에는 감정의 동물인 인간이 느끼는 정도에 따라서 자연과 인간의 삶에 대한 喜怒哀樂愛惡欲 등 칠정과 물욕, 명예욕, 식욕, 수면욕, 색욕 등 다섯 욕심을 가진 존재이기 때문에 그 감정과 욕망을 담아둘 방법으로 가장 쉽고도 승화된 방법이 시 쓰기 대상이 된다.

나. 詩語에 무엇을 담았나.

詩를 창작하는 시인은 자신의 표정을 그린다. 시인이 평소 생각하고 느끼고 체험하고 바람을 시어로 표현한다. 자신 내면을 고백하는 관계로 시인이 쓴 시는 곧 자신이며, 거울을 들여다보는 것과 같다. 다시 말해서 시인의 정신세계가 시어로 표출되는 과정이기 때문이다.

여기에는 시어를 비유, 직유, 은유, 역설, 함축된 이미지, 상징 등 유사한 의식화한 시어로 나타나기 때문에 본인의 심리상태가 정밀하게 그려져 나타나는 그림과 다르지 않다.

시인의 감성과 체험을 통한 삶의 표정이고 과거와 미래를 연결해 주는 이미지를 전달하므로 독자는 생활 속의 거울을 들려다 보고 문학적인 감동을 할 수 있다.

시속에 문학적인 감동은 교훈적 가치를 동반하므로 독자는 시를 읽는 순간 자신도 간접 체험하는 결과를 가져오므로 시 읽기를 좋아하는 이유인지도 모른다.

다. 권정희 시의 시 세계

시에 무엇을 담았는지 알아보기 위해 그의 시 세계에 들어가 2018 창간호 현대시담 현대계간문학작가회 시화집에 수록한 시 6편을 선정했다.

「그 땅에 새봄 오면」, 「달 목련꽃」, 「마음의 뜰」, 「산다는 건 어쩌면」, 「생에 단 한번」, 「여행」을 시평 하기로 한다.

(1). 화창하게 피어오르는 봄을 노래하며

　자연은 계절이 바뀌면서 끊임없이 우리들과 말하지만, 그 비밀을 고백하지 않는다. 우리는 항상 자연에서 살아도 자연의 원리에 따라 살므로 자연을 지배할 아무런 힘도 없다고, (J, W, 괴테)는 말했다.

　자연은 참으로 위대하다. 너무 위대하기 때문에 자연을 정복한다던가 아니면 자연을 지배할 수 없다고 사람은 절망한다. 그러나 시인은 다르다. 자연을 살피고 자연과 친하게 지내면서 자연의 비밀을 시로 담아낸다. 모든 사람은 주저하지 않고 자연에 순종하면서 살아가지만 유독 시인은 자연의 비밀을 하나하나 찾아내 시의 재료로 만든다. 이점이 보통 사람과 다르다.

　　　아지랑이 언덕에서
　　　춤추는 풀들에 물어보리라
　　　언제 적 돋은 씨앗인지

　　　흙에 뛰놀던 그은 얼굴
　　　고향엔 배꽃향기 여전한지
　　　망아지 벗에게 물어보리라

　　　한 즐 시인의 노래가 끝나면
　　　나 편히 쉴 곳이 어디쯤인지
　　　들과 아침노을에 물어보리라

　　　굽이굽이 놓아든 한숨마다

된서리 내리면
그때는 알 수 있으리

당신의 동토에 봄이 왔음을
풀어헤친 가슴에
그 향기 번져 옴을

- 「그 땅에 새봄 오면」 전문

 겨울이 지나고 눈 설이 녹고 봄이 돌아왔다. 만물이 살아 움직이는 들판에 아지랑이 꽃피어 봄 향기 불러들이는가 싶더니 어느새 푸르른 녹색 풀이 솟아나 온 세상을 뒤덮는 구나
 봄이 오는가 싶더니 어느새 배꽃이 만발해 온통 산야에 아름다운 꽃으로 수놓고 있구나.
 시인은 자연의 신비에 놀라서 혼잣말로 또는 주위 사람에게 물어본다, 언제 이렇게 봄이 와 무성하게 들판이 푸르냐고 말이다.
 당신의 동토에 봄이 와서 꽃이 화사하게 피어 가슴에 와닿는 그 향기 번져 옴을 알고 있는 가하고 시인은 묻고 있다.
 이제 온천지가 바라던 봄이 완연히 와서 봄의 진수를 만끽한다는 시인은 이제 봄기운에 취하여 어쩌할 줄 모른다. 그렇다면 권정희 시인은 만물이 소생하는 자연에서 아지랑이를 불러들이고 봄의 향기를 알아차리는 비밀을 캐낸 것이 된다.
 A. 단테가 "자연은 신의 예술"이라고 말했지만, 단테는 자연의 외관만

보았을 뿐, 그 속내를 알지 못했다. 그러나 많은 시인은 자연의 외관뿐 아니라 속내까지 들여다보고서 그들이 가지고 있는 비밀을 찾아 시적 묘사 메타포로 에둘러 표현하고 있다.

(2). 화사하게 피는 달 목련꽃을 바라보면서

  목련은 보통 10m 크기로 자라고, 가지는 털이 없고 잔가지를 많이 친다. 나무껍질은 회백색에 매끄러운 껍질눈이 있다. 잎은 넓고 둥그런 형이고 끝은 뾰족하고 가장자리는 밋밋하고 솜털이 있기도 하고 없다. 주로 3, 4월에 소담하게 둥그런 흰색 꽃이 피어 달 목련꽃으로도 부른다.

  열매는 닭의 볏 모양으로 9, 10월에 무르익는다. 한국, 일본 등지에 자생하며 은은한 맛과 향이 뛰어나 목련꽃차를 끓여 마시면 기관지에 좋다고 해 한방에서 많이 쓰인다.

      소소리바람 견디며
      아린 속내 떨구는
      생 꽃잎, 꽃잎

      살가운 꽃정으로
      살며시 그리려는
      까치발 사랑

      못내 아쉬운 달빛 걸음에
      동글동글 차오른

고결일까

은은한 빛
믠생각에 맞이하던
그 밤의 동녘 빛

다시 필 계절 시원하듯
은 강물에 띄운
나의 꽃등 목련아

― 「달 목련 꽃」 전문

　소소리바람 견디며 피어오르는 생 꽃잎, 꽃잎, 하느적 하느적 흔들리며 나무에서 피는 목련꽃이 너무 아름다워 살며시 다가가 참 예쁘게 잘 피웠구나 하고 사랑스러운 눈으로 하얀 목련꽃을 눈여겨 바라보는 풍경이 눈앞에 아른거린다. 그 실상을 살가운 꽃 정으로 발꿈치 들고서 머리를 조아리며 이리저리 들여다보려는 모습이 까치발 사랑으로 수사적 은유를 들어 표현하고 있다.
　못내 아쉬운 달빛 걸음에 동글동글 차오른 고결함일까 하며 목련 꽃나무에 핀 둥그런 화사하고 우아한 달 꽃잎을 이리저리 들려다 보며 감상하는 모습이 선하게 그려진다. 시간을 두고서 꽃을 더 감상하면 좋으련만 아쉬운 미련을 남기고 떠나는 시적 묘사로 여운을 남겨 깊은 감동을 주고 있다. 시인은 감수성이 풍부해 유달리 목련꽃을 좋아하는 심상이 이 시에 녹아 있다.

(3). 삶이란 세월에 관하여

  역사는 시간의 흐름이며, 시간의 흐름이 곧 세월이다. 세상의 삼라만상은 나름의 시간을 소유하고 있다. 세월은 끊임없이 맴돈다는 말은 있지만, 사실은 흘러간다. 史記에는 세월은 얻기 어렵고 잃기는 쉽다고 기록하고 있다. 세월이야말로 나와 똑같은 行步를 유지하게 될 것이다. 인생은 덧없이 흐르는 세월 속에서 자기의 행보대로 살아간다.

    한 생을 불사른 호흡
    별처럼 떨어져
    또 다른 생이 되는 순간
    우리네 삶은 아스라한 기억을 끔씹는
    시간 앞에 허물어지기도 하지

    꽃이 겨울과 봄을 다녀가듯
    떠나간 모든 것들이 돌아와 애틋해진
    지금

    산다는 건 어쩌면
    떨어지는 나뭇잎처럼 어떤 날을
    자극하다 만 언어인지도 모르지

    우리의 봄은 따로 같이
    서로의 기억속에서 그냥 그렇게 간다

                   - 「산다는 건 어쩌면」 전문

인생은 희망과 꿈을 갖고 미래를 그리며 살아가지만 자기 뜻대로 잘되지 않는 것이 현실이다.

인생사 과거와 현실을 교차로 되돌아보면서 희비애락의 굴레에서 허우적거리며 살아가는 인생의 참모습을 반추해 보기도 한다.

꽃이 겨울과 봄을 다녀가듯이 떠나간 모든 것들이 돌아와 애틋해진 지금 시인은 언제나 현실에 살고 있으면서도 과거의 아름다움을 늘 생각하고 지낸다. 자연법칙으로는 불가능한 일이지만 심리적으로는 가능해지기 때문이다.

산다는 건 어쩌면 떨어지는 나뭇잎처럼 어떤 날을 지극하다만 언어인지도 모른다는 시인은 사실상 인생은 알 수 없는 미래를 향해 살아가는 것으로서 셰익스피어는 「아테네의 티몬」에서 '인생은 불안정한 항해'라고 설파했다. 그러므로 만물의 영장인 인간은 살아온 것을 살피고 다듬어 미래를 대비해야 한다고 한다. 시인은 인생무상의 심정으로 세상사를 시적 묘사 메타포로 에둘러 그리고 있다.

(4). 시의 진정한 사랑 노래는 감동을 준다.

시인은 시를 통해서 진정한 사랑 이야기를 할 때 모든 사람이 공감하고 시인의 시를 통해서 사람의 마음을 움직인다. 이것이 "시의 창조의 힘"이다.

사랑은 어떤 사람이나 존재를 귀중히 여기고 아끼는 마음, 특정인을 그리워하고 열렬이 좋아하는 마음을 뜻한다. 영원한 사랑을 뜻하는 이팝나무는 하얀 눈꽃이라는 뜻을 지니고 있다.

우리나라 중부이남 지방, 일본, 대만, 중국에 많이 분포해 사는 낙엽성 교목으로 5, 6월에 개화하는 높이 대략 20m 크기의 물푸레나뭇과에 속한다.

새봄 이팝나무 반기는 산마을로 가
사랑하는 사람과 살고 싶어라

고난 삶 두 눈에 동살이 들면
희망에 부푼 당신과
보석처럼 빛나는 꿈을 달겠지

그가 좋아할 향기로
가슴 하나 찾는 탐험가
바다에 뜬 별이 되기도 할 거야

사철 꽃 피고 새 우는 세상사
온갖 시름 날아다녀도 모르리
이팝꽃 가득 한 그 시절

- 「생애 단 한번」 전문

사랑에 대한 단상이다. 이 시를 읽으면 사랑하는 사람과 그들이 바라는 영원한 사랑을 뜻하는 이팝나무 하얀 눈꽃이 무성히 피는 이상향의 마을로 가 오순도순 살기를 원하는 시인의 희망이 서려 있다.

고단한 삶이 이어져도 사랑하는 사람과 함께 살면 어렵고 힘든 일을 헤쳐 나가 보석처럼 빛나는 꿈을 꾸며 살고 있겠지 하는 시인은 희망의 노래를 하고 있다.

　그러면서 사랑하는 사람이 무엇을 원하는지 찾아서 그를 기쁘게 해 주고 이팝꽃 만발한 시절에 사랑하며 살고 싶다는 수사적 묘사로 메타포를 에둘러 말하는 시인의 희망이 부풀어 있다.

　그윽하고 아름다운 사랑의 시이다. 사랑을 노래하는 시는 읽는 사람에게 기쁨을 준다. 시인의 시 세계는 아름답고 신비롭고 환상적이다. 특히 사랑을 노래하는 시는 더욱 독자들에게 잔잔한 감명을 준다.

(5). 마음속에 그리는 이상향의 공간
　마음의 뜰은 생각하는 삶, 사람이 살면서 사람이나 사물에 대하여 늘 감정을 느끼고 기억하면서 어느 공간이나 위치를 마음속에 그리며 그리워하는 것을 뜻한다.

　　　나의 아침은
　　　냇가를 맴도는 음성에
　　　풀잎 이슬이고 따사로운 햇빛

　　　구름과 바람의 소식을 보며
　　　무수한 별 밭에서 찾아내는 보석

인적 드문 길
등 굽은 지난 시간 여울져 아리지만

홀로 듣는 음악과
시를 읽는 목소리
당신을 읽어가는 내 마음입니다.

- 「마음의 뜰」 전문

　동녘에서 햇살이 찬란히 비치며 밤새 지은 이슬이 서려 있는 아침, 좋은 터전을 찾아서 지나온 세월을 더듬어 보며 감회에 젖어 본다.
　혼자서 음악을 들으며 당신을 그리워하는 시를 읽으며 그대를 생각하면서 그리워하는 내 마음 머무는 곳이 곧 당신입니다. 라고 서정성 시적 묘사로 은유를 들어 표현하고 있는 정서가 깃든 시이다.

(6). 시속의 여행은 은유의 숲속 거닐기와 같다.
　시가 사유를 들어 걷는 일은 여행일 것이다. 뚜렷한 목적지가 있는 일상의 통상 여행인가 하면 다른 이미지의 공간으로 정처 없이 떠다니는 여행일 수도 있다.
　전자는 목적지와 방향이 정해져 있겠지만 후자는 정처 없이 떠돌아다니는 목적지에 대한 방향이 없는 어두운 여행일지도 모른다.
　사람은 어차피 일생을 살아가는 여행이기 때문에 이는 누구나 피할 수 없는 인생 여정이다. 그래서 시란 항상 삶의 길에 대한 표정이다.

여행은 사람이 사는 동안 기쁨과 즐겁고 행복한 환희의 가락도 있을 것이다.

인생 여정, 여행이란 새로운 세상을 둘러보고 느끼고 체험해서 배우는 하나의 과정이다.

미지의 세계, 신천지를 사랑하는 사람과 함께 거닐 때 행복은 배가 된다. 또 적당한 시기에 여행을 떠나서 추억을 심고, 여러 곳을 방문하며 자기 자신을 되돌아보면 삶에 대하여 더욱더 새로운 사실을 발견하게 된다.

어깨너머 반짝이던 숲
나뭇잎 시름으로 가득할 즈음
스스로 가을 오듯

우리의 정다운 재회는
가장 적당한 때 온 축복인 듯
사랑의 인사로 남겠다

너을 대는 기억
그 파도와 파도 사이에서
너와 내가 본 가을은
물빛 그리움으로 짙어간다

- 「여행」 전문

사랑하는 사람을 늘 그리워하는 중에 자연스럽게 만나는 정다운 재회는 하늘에서 내린 둘만의 축복이다.

우리들의 사랑이 영원히 지속되기를 바라는 마음은 가을의 오색 단풍에 물들 시 물빛 그리움으로 짙어 간다는 수사적 묘사로 메타포를 에둘러 노래하는 시인의 심성을 적나라하게 그리고 있다.

(7). 권정희 시인의 시세계

시의 대상에 시적 묘사로 함축된 시향, 비유, 상징의 메타포를 적절히 구사해 시적 관심과 대상을 감성적으로 이미지를 형상화한 점이 특이하게 드러난다.

권정희 시인은 감성이 풍부한 여류 시인으로서 여성 특유의 섬세한 정감으로 정서적인 시를 창작해 세상에 내어놓아 만인에게 잔잔한 감동을 주는 노래를 엮고 있다.

앞으로 서정성의 시 창작으로 시의 세계를 넓혀서 문운이 들어 대성하기를 기대해 본다.

6

진정한 친구란 인생을 함께 나누는 다정한 사람이다

청록파 시인, 박목월, 조지훈을 중심으로

6

진정한 친구란 인생을 함께 나누는 다정한 사람이다

청록파 시인, 박목월, 조지훈을 중심으로

가. 참된 벗은 인생의 보배이다.

　사람이 한평생 살아가면서 "세 명의 친구를 가지면 성공한 인생이다."라는 말을 들었을 때 설마 하고 말했던 기억이 난다.

　인생을 살아보니 정말 진정한 친구 한 명도 어렵다는 사실을 알았다.

　친구나 벗을 지칭하는 용어는 동, 서양이 다르고 동양에서도 한, 중, 일이 다르다.

　한국은 親舊, 중국은 朋友, 일본은 友達(도모다치)로 쓰고 있다.

　'朋'은 봉황이 나는 듯 새가 떼 지어 나는 모습'을 일컫는 말이다.

　'友는 서로 손 잡고 돕는다.'라는 뜻이다. 구체적으로 말하면 '朋은 同門으로 함께 수학한 벗이고,' '友는 同志로 벗'을 의미한다. 다시 말해 한 스승 밑에서 공부하고 뜻을 같이한 벗을 '朋友'라 칭한다.

　인류의 문명이 태동한 지 수십만 년을 거치면서 친구에 대한 사회적 규범과 습관, 관습이 어느 정도 정리되어 연연히 내려오고 있는 '예'를 들어보자.

　疾風知勁草는 질풍에 부러지지 않는 억센 풀이라는 뜻으로 어떤 시련을 겪어도 품은 듯이 흔들리지 않는 사람을 비유적으로 일컫는 말이다.

먼저 언급한 글귀처럼 어렵고 힘들고 위험한 환경을 겪어봐야 인간의 본성을 알 수 있다는 말이다.

세상은 요지경이라 친구라고 다 누구에게나 친구가 아니다.

입신출세는 '때로 친구를 만들고 역경은 친구를 시험한다.'라고 한다.

아리스토텔레스는 '불행은 누가 친구가 아닌지 보여준다.'고 한다.

인디언은 친구를 가르쳐서 '내 슬픔을 등에 지고 가는 자'라고 했다.

친구는 '어려울 때 힘이 되어주는 친구가 진정한 친구'라고 한다.

속담에 '정승 집 개가 죽으면 문전성시를 이루고, 정승이 죽으면 텅텅 빈다.'라는 말이 오죽했으면 생겨났을까 하는 의문이 든다. 그래서 예로부터 '그 사람의 미래를 알고 싶으면 사귀는 벗을 보라.'라고도 했다.

진정한 친구란 늘 곁에 있고 좋은 의견을 서로 주고 잘 지내며 어려울 때 달려와서 도와주는 사람을 말한다. 어려울 때나 기쁠 때 함께하고 마음을 위로해 주는 친구가 진정한 친구이다.

한평생을 살아오면서 많은 친구를 사귈 수는 있지만 진정한 친구를 사귄다는 것은 그리 쉬운 일은 아니다. 라고 선인들은 말하고 있다.

진정한 친구가 곁에 있으면 얼마나 행복한 인생의 삶을 서로 나누며 살 수 있는가, 그런 친구는 인생의 보배이며, 큰 재산이다.

나. 1946년 공저한 『청록 집』을 유문화사에서 간행한 이 시집의 이름을 따서 '청록파'라 부른 데서 유래해 부쳐진 명칭이다.

청록파 시인은 1930년대 『문장』지의 추천으로 등단한 시인 박목월(1916~1978), 조지훈(1920~1968), 박두진(1916~1998)을 일컬어 말하고 있다. 그들은 자연을 소재로 서정시를 지어서 공통적인 시적 정서로 많은 독자에게 감동을 주었다.

다. 어느 따스한 봄날, 박목월은 조지훈을 경주로 불러들였다.
　그날따라 날씨가 많이 풀려 활동하기 좋은 시절이었다. 동네 어귀에는 복사꽃이 활짝 피어 주위를 화사하게 수놓고 있었다. 둘이 고도 경주 일원을 둘러보고 불국사를 거쳐서 석굴암에 올랐다.
　전면에 동해가 세파에 춤추는 광경을 바라보면서 어느 큰 나무 아래 자리를 잡아 가져간 술을 한참 나눠 마시며 대화를 나누는 중에 하늘에서 갑자기 진눈깨비가 내렸다. 그들은 취기에 추위도 참아가며 견디고 있었다.
　박목월 시인은 옆에서 함께 술을 마시며 추위에 벌벌 떠는 조지훈을 지켜보며 안쓰러워했다. 4살 더 많은 형뻘인 박목월 시인은 입고 있던 외투를 벗어 조지훈 시인 어깨에 걸쳐주었다.
　추위에 떨고 있던 조지훈은 외투를 넘겨준 박목월 형에게 마음속으로 깊은 고마움과 감사를 느꼈다.
　그들은 보름 동안 경주에 머물면서 안강 자욱산 기슭에 있는 玉山書院에 방을 하나 얻어 지내기로 했다. 그들의 대화는 세상 돌아가는 이야기부터, 문학, 특히 그들이 좋아하는 시에 관한 이야기를 주로 주고받았다.
　조지훈은 집으로 돌아온 후에 함께 지냈던 박목월 형의 따듯한 인정과 세세한 배려, 보살핌에 깊이 감동하였다. 경주에서 함께 지내던 아름다운 추억과 고마움을 회상하며 완화삼이라는 시를 써서 박목월 형에게 부쳤다. 그 시 내용은 다음과 같다.

> 완화삼 玩花衫
> 　　　　　　조지훈
>
> 차운산 바위 위에
> 하늘은 멀어
> 산새가 구슬피 울음 운다.
>
> 구름 흘러가는
> 물길은 칠백 리
>
> 나그네 긴 소매 꽃잎에 젖어
> 술 익는 강마을의 저녁노을이여
>
> 이 밤 자면 저 마을에
> 꽃은 지리라
>
> 다정하고 한 많음도 병인 양하여
> 달빛 아래 고요히 흔들리며 가노니…
>
> 　　　　　－「완화삼 玩花衫」 전문

　경주 여행을 마치고 귀가한 조지훈은 위 「완화삼 玩花衫」의 시를 써 '박목월 형에게'란 부제를 달아 경주로 보낸다.

조지훈의 완화삼 玩花衫 시는 구름과 달빛의 흐름과 물길의 이미지를 결합해 정처 없이 떠도는 나그네의 처량한 모습을 시적으로 잘 묘사하고 있다.

고래로부터 내려오는 전통 시조의 풍류를 즐기듯 느긋함과 여유로움과 고유한 맛을 보이고, 한적한 달밤에 멀리 떠나는 나그네 뒷모습의 쓸쓸함을 비춰주고 있어 예사롭지 않게 다가온다.

박목월은 조지훈에게서 「완화삼」이란 시를 받고서 문학적 동지에 대한 그리움을 되살리며 바로 「나그네」 시를 써서 '지훈에게'란 이름을 써 주실 마을로 올려보낸다.

박목월은 인상 깊은 이 시의 표제 옆에 '술 익는 마을의 저녁노을이여' 부제를 넣고서 자기의 시속에도 술 익는 마을마다/타는 저녁놀이라는 시어를 달았다.

조지훈의 산새 소리 유장한 강 물길, 저녁노을, 낙화의 슬픔 등 애잔한 이미지를 안주할 곳 없는 나그네와 결합하여 애수가 깊은 명시를 창작한다.

박목월이란 친구가 없었다면 이 유명한 시가 세상에 나올 수가 있었겠는가 생각해 본다. 친구란 바로 이렇게 정감이 가는 사람을 말한다.

나그네

　　　　　박목월

강나루 건너서
밀밭 길을

구름에 달 가듯이
가는 나그네

길은 외줄기
南道 삼백 리

술 익는 마을마다
타는 저녁놀

구름에 달 가듯이
가는 나그네

- 「나그네」 전문

　나그네 시는 1940년대 광진구 아차산 정상에서 강 건너 동쪽을 바라보면 허허 들판이 쫙 펼쳐진다. 밀밭 사이로 외줄기 길이 끝없이 펼쳐져 있는 고적한 풍광은 한강의 파란 물과 밀밭의 푸른색이 잘 어울려 짙은 색감의 풍경화로 다가와 시의 배경이 되고 있다.
　밀밭 길 외줄기에서 나그네의 고독한 모습은 삼백 리로 멀고 멀게 느낌을 주고 있다. 시에서 '삼백 리'는 실제 거리라기보다는 화자가 느끼는 고독한 정감을 나타내는 추상적 거리를 의미한다.

외줄기를 따라서 길게 걷고 있는 쓸쓸한 황톳길은 어느 술 익는 마을을 지날 무렵, 서산으로 넘어가는 해는 초저녁 노을이 길게 늘어지고 외길을 걷는 나그네의 모습은 쓸쓸하게 느껴지게 마련이다.

이 시는 한국인의 의식 속의 시간을 초월하여 추상적으로 존재하는 정감 어린 풍경이 눈앞에 선하게 다가온다.

'구름에 달 가듯이'라는 시구가 두 번 반복해 등장한다. 유유자적하게 길을 가는 나그네의 행로가 이 구절에서 반짝반짝 빛나고 있다. 구름에 달이 가듯, 달에 구름이 가듯, 나그네의 길 앞에는 막힐 것이 없다.

나그네의 모습은 고독, 집착과 속박에서 벗어난 동양적 해탈의 경지를 잘 표현하는 뛰어난 발상이다.

이 시는 현실과 동떨어져 외면한 작품이라는 세간의 말은 있어도 여전히 가슴에 잔잔한 감동을 주는 작품으로 "길"과 "나그네"의 연속적인 영상이 시에 대한 깊은 수사적이며 시적 묘사로 통한다.

서로 화답한 시는 독자의 심성을 움직이는 서정시로서 모두의 가슴에 최고의 울림을 주고 있다.

박목월에게 조지훈이란 친구가 없었다면 이 유명한 시도 탄생하지 못했으리라 생각한다. '현명한 친구는 보물처럼 다루어라. 인생에서 만나는 많은 사람들의 호의보다 한 사람의 친구로부터 받는 이해심이 더욱 유익하다'라는 그라시안의 말이 생각났다.

부모, 가족 다음으로 소중하고 귀중한 친구는 보석처럼 빛나고 값진 것이다.

7

시와 인생이 한데 어울려지는
차 세계의 즐거움과 행복한 삶을 조망하며

녹동 김기원 시집 『"와" 작설차 한잔』

7

시와 인생이 한데 어울려지는
차 세계의 즐거움과 행복한 삶을 조망하며

녹동 김기원 시집 『"와" 작설차 한잔』

가. 녹동 김기원 시인은 경남 하동군 악양에 계신 친족이 보내온 작설 잎(차나무잎)을 할머니의 권유로 유년 시절부터 음용했다.

건강에 이상 있으면 차약(茶藥)으로 끓어 마셔 찻맛 차향을 알고 있어서 누구보다. 작설차에 대한 정감이 깊고, 차시 작법에 익숙히 접근할 수 있는 시인이다.

특히 동네 모임이나 친구, 농사짓는 농부의 음료수 대용으로 찻상을 중심으로 둘러 앉아 정담을 나누는 만남의 기회를 가졌던 어린 시절의 추억을 떠올리며 쓴 차시는 남다르게 감동으로 다가온다.

시인은 작설차 생산 조제와 연구 보급을 위해 연구 단체 창립에 참여하고, 한국토산차연구원장, 한국차학회 정·부회장, 고문, 한국차인연합회 고문, 한국차문화연합회 고문 등 차 관련 단체에 주요한 직책을 맡아 왔다.

한국 녹차 개발에 헌신하여 한국 차 문화 발전과 소비증진 홍보 선전에 많이 이바지한 한국의 작설차 분야 전문가이다. 그뿐만 아니라 오늘날에 더 훌륭한 차 분야 시인으로서 경상국립대학교 명예교수로도 활동했다. 농업발달사 강의와 박물관장을 역임하는 등 차 문화 발전과 차시

문학 평론가로 그 사명을 다하고 있는 문학 59년. 문단 30여 년의 문단 원로이다.

그런 인연으로 작설차 노래 9권의 시집을 출판했다.
시인은 "와" 작설차 한잔, 시집에 인생의 좌우명을 명시하고 이의 실천을 위해 노력한 흔적을 보였다. '욕심의 굴레를 벗자', 인생길에 걸림 없는 삶, 새 광명의 양식으로 삼자', '교만하고 비굴하지 말자'라는 인생철학의 숭고한 정신적 지주의 소유자로서 투철한 사명감과 책임감을 갖고서 살아온 시인이다.
현재 한국 문학사에 희귀한 단체로 경남, 진주 출향 문학인 및 남강물을 먹었거나 상상한 문인. 그리워한 문인 모임을 주선하여 남강문학협회 장직을 맡아 활동하고 있다.
녹동 김기원 시인은 숨은 봉사자이다.
인간다운 삶을 위한 경상국립대학교 의대 병원 흉부외과 교수의 협조를 얻어 감로 심장회을 창립하고. 어린이 수술비를 모금하여 200여 명의 어린이 심장병 환자에게 무료 수술을 주선하여 어린이 새 생명, 희망의 등불이 되는 길잡이가 되었다. 또한, 김 시인은 눈 잃고 앞 못 보는 환자를 위해 새 생명 광명회를 창립하여 2000년부터 현재까지 650여 명의 개안수술을 주선했다.
안경 2만여 개를 소외 계층 농민에게 무료로 나눠준 봉사 공로로 국민훈장목련장. 대한민국 봉사 대상 대통령상을 받은 사회에 헌신한 훌륭한 봉사자이다.
조주선사의 無功德 정신이 곧 작설차 한 잔 나눔의 정신적 지주로 삼았다.
　나눔과 배려. 베품의 봉사 정신을 생활신조로 삼고 불우한 장애인 돕기. 청소년 육성, 어린이 심장병 무료 수술을 베풀어 새 광명의 길로 인도 실천한 봉사 정신이 타인의 모범이 되었다.
　우리 시대의 본보기가 되는 선량한 인물이다. 이렇게 숭고한 봉사 정신을 인생철학의 근원으로 삼고 삶의 방향을 제시하고 일깨워 주는 선각자로서 사회적 역할에 존경의 대상이 되는 훌륭한 분이다. 한편 녹동 김기원 시인은 명랑한 성격과 부지런한 근면성, 헌신하는 추진력 뛰어난 인물에 사회의 귀감이 되는 봉사자이며 차 시인이다.
　녹동 김기원 시인은 1965년 구입한 자전거를 현재도 타고 다녀 검소한 생활의 모범을 보여주는 훌륭하신 분이다.

나. 雀舌茶는 1년을 24등분 한 24개의 계절 중 매년 4월 20일경 곡우에서 5월 5일 입하 사이 자란 차나무 새싹을 따서 만든 한국 전통차의 대표적인 이름으로 찻잎 크기에 따라 차 등급을 분류한다.
　찻잎 모양이 참새 혀. 까치 혀와 닮았다고 해서 작설이라 부르며 그 시기가 차의 색 맛 향이 최고라 새싹 우전이라고도 칭한다. 작설차는 등급에 따라 가격 차이가 있으며 고급 차로서 맛 향을 즐기고 신진대사를 촉진하며 동맥경화증, 당뇨병, 고혈압, 이질, 정신일도. 중치 등 성인병을 예방하며 빈혈도 치료하는 효과가 있어 조선 시대부터 한약재 토산물로 분류해 사용하고 있다.
　許浚의 동의보감에도 나오는 작설차는 40여 종이 되고 '맛이 달고 쓰며 독이 없고, 기를 내리며, 소화를 돕고, 머리를 맑게 한다고 전한다.

다. 녹동 김기원 시인의 시 세계

　시인은 작설차에 대한 찬양과 칭송을 주제로 하는 진술시가 주류를 이룬다. 시에 무엇을 담았는지 그의 시 세계에 들어가 「삶의 기도문」, 「입춘 立春」, 「새벽꿈 차 끓이기」, 「숲속의 향기」, 「차꽃잎 사랑」, 「단비 내리는 차밭」, 「세월의 흔적」, 「아름다운 다향」, 「만 남」, 「한 마음」을 시평 하고자 한다.

(1). 시인은 사회를 순화하고 정화하는 소금 역할을 한다.

　녹동 김기원 시인은 작설차 한 잔 나눔의 정신운동을 펼쳐 600여 명의 눈 잃은 불우한 장애인을 무료 개안 시술해서 새 광명의 길로 인도해 사회를 이끌어가는 소금 역할을 톡톡히 하고 있다, 또한 200여 명의 어린이가 심장병에서 구출되어 사회를 선도하는 선구자로서 삶의 지혜를 주는 기도문은 우리의 삶을 윤택하게 만드는 청량제 역할을 하고 있다.

　　　　연착되는 시골 열차를 타고
　　　　창 넘어 고개를 내밀 때 부딪칠
　　　　찬바람에 당신이 끓여주는 차 한 잔
　　　　사랑 깨달아 찢어진 상처들
　　　　손가락 알라 괴롭힌 지난날
　　　　원망의 발자취가 살아온 연륜일까

　　　　기도차 마셔온 찻잔 무늬의 사랑
　　　　만들어 낸 당신이 찻잔마다
　　　　쓸데없이 새겨 놓은 욕망의 흔적
　　　　성숙된 과거를 새김질하며
　　　　채워진 마음 때 벗으려 발원하네

　　　　현재의 과거 잃어진 미래를 지어
　　　　석송차(石松茶) 끓이는 이 맑은 공기 속
　　　　김시습, 정약용, 초의를 불러 이 기쁨
　　　　쪽빛 향기로 찻자리 넓게 밝히 소서

　　　　　　　　　　　- 「삶의 기도문」 전문

* 석송차(石松茶), 석송과의 상록 여러해살이풀, 원줄기 잎을 가공한 차

연착하는 시골 열차를 타고 차창 밖에서 갑자기 불어온 찬바람에 혹독한 추위를 느낄 때 따뜻한 차 한 잔으로 몸과 마음을 푸근히 녹인다고 비유를 들어서 시인은 표현하고 있다. 세심한 사랑의 배려는 몸과 마음을 훈훈하게 감동하게 하는 차의 역할로 되새겨 보면서 쓰디쓴 과거의 아픔은 오랜 경험에서 터득한 깨달음으로 인식하고 있다. 라고 시적 묘사로 에둘러 그리고 있다.

찻잔에 새겨진 옛날의 추억을 되새기려 한다는 시인은 석송차 마시며 옛날 즐겨 마신 차 맛의 향기를 되살려 본다고 진솔하게 서정성을 들어 표현하고 있다.

현재는 과거에 잃어진 미래로서 석송차 끓이는 맑은 공기 속에 김시습, 정약용, 초의를 불러 드려서 이 기쁨을 함께 나누며 쪽빛 향기로 찻자리를 넓게 밝히소서라고 표현한다. 시인은 옛날 한자리에 들어앉아서 석송차를 즐겨 마시던 추억과 기쁨을 되 뇌이며 정신과 건강에도 좋다고 그리고 있다. 시인은 그 옛날 선인의 사유를 되새겨 보며 차의 향수를 느낀다고 그 참된 뜻을 짚어 보며 시적 묘사로 그리고 있다.

⑵. 추운 겨울을 지나 봄을 알리는 立春은 모두가 바라는 희망이다.

입춘은 1년 24 절기 중 매년 1월 20일경 大寒과 2월 19일 雨水 사이에

있는 첫 절기이다.

태양의 기울기가 315도일 때 양력으로 2월 3일~2월 4일 경이 된다.

입춘은 통상 음력 정월에 드는데, 어떤 해는 정월과 섣달 사이에 드는 경우가 종종 있다.

아직 추운 겨울이지만 그때부터 봄이 시작된다. 이 시기에 각 가정 대문에 立春大吉 建陽多慶 축원을 대문에 건다.

'봄이 시작되니 크게 길하고 경사스러운 일이 생기길 기원한다.'라는 뜻이다. 다시 말해 가정이 화목하고 가족의 건강과 농사가 잘되어 풍년을 기원하며 모든 일이 잘되기를 바라는 뜻이 담겨있다. 시골에서 각 가정에 연례행사처럼 복을 가져온다고 전래하여 입춘 축을 대문에 내걸어 복을 축원한다.

입춘은 새해 첫 절기에 들어 농사 준비와 봄맞이에 관련된 행사를 많이 치른다.

얼음 녹는 저 언덕
땅 속까지 뇌송雷悚소리 타령
그 타령 장단에 깬 벌레들
새 맛 느끼는 춤바람 신명난다.

내 마음도 일깨어져
봄 향기 처음 맞는 걸음이 찰랑찰랑
신촌 거리는 새색시로 도배질
아름다운 배필 만남을 발원하네

목 풀린 강가에 겨울잠 깨는 소리
색동옷 입고 누더기로 뱃길 건너
새 녹차길 100일, 5월 25일
차밭마다 작설을 사랑 꿈꾸어 날리네

반짝이는 작설 가마 꽃 댕기질
힘나게 논밭에 괭이질하려
새 꿈 마음이 미소되는 국민의 노래
산사는 누더기 벗고 새 세상 알게 하네

- 「입춘 立春」 전문

　새봄 立春을 맞이하여 산야에 얼음이 갈라지며 녹는 소리에 땅속에서 벌레들도 깨어나 봄을 맞이한다. 환희의 기지개 켜는 소리, 뇌성 소리에 새봄을 맞이하고 있다는 시인은 만물이 소생하는 봄 향기에 젖어 들어 새싹이 돋아 발원하고 있다고 서술하고 있다. 푸르른 들판에 새싹이 올라와 완성하는 100일 동안, 5월 25일까지는 작설차 재배하는 수확의 꿈을 꾸며 작설 가마 꽃 댕기질, 논밭에서 괭이질로 걷어 들이는 풍성한 수확의 기쁨을 노래로써 세상에 알리고 있는 시인은 시적 묘사로 잘 그리고 있다.

(3). 차에 대한 감성의 아우라(Aura)를 표현하다
　시인은 차에 대한 감성의 아우라(Aura)를 갖고서 좋게 표현하고 있다.

아우라는 독특한 냄새 또는 분위기를 뜻하는 말이다.

시인은 자기만의 독특한 개성을 가질 때 개인적 상징으로서 자기만의 고유한 아우라를 갖는다. 어떤 의무감에서 시를 쓰는 것이 아니고 자기만의 특성이며 상징이다.

한밤 어둠을 밀쳐내고
목마르게 그리웠던
꿈 차!
유난히 모두 즐겨 마시네

속살 겹 태우고
순정을 바치는 차 작업장
내 몸에 어둠을 풀어 놓고
소쩍새 울음 임 그리워 눕는다

훌훌 벗어 던져버린 누더기
한 데 어우러진 차림
마음에 물 흐름의 다관
유랑하던 적막의 풀씨로 뿌린다

새벽은 깊고 더 추위를 느낄 때
뜨거운 여인의 품 안 그리워
차 우리는 나 홀로 기다리는데
끓는 차향이 마음 씻어 낸다.

-시「새벽 꿈차 끓이기」전문

새벽에 일어나 한밤 어둠을 밀쳐내고 상상의 나래를 펴서 꿈에 그리던 작설차를 끓여 마시며 유난히 즐거워하는 심정과 그 모습을 적나라하게 표현하고 있다.

차 끓여 마시는 상상의 꿈을 꾸며 즐거워했다는 시인은 막상 차를 만들어 마시니 이렇게 좋을 수가 없다고 메타포로 에둘러 심정을 토로한다. 순수 차 잎새를 세분화해 분류 작업하는 과정에서 만인을 위해 좋은 차를 만드는 즐거움은 또 이루 말할 수 없는 행복이라고 느끼는 시인은 차에 대한 열정을 고백하고 그 사실을 시적 묘사를 들어 정서적으로 표현하고 있다.

추운 새벽에 차 한 잔은 얼었던 몸과 마음을 녹이는 여인의 따듯한 숨결과 같다는 시인은 차에 대한 열정, 사랑과 애착이 대단한 이미지와 상징으로 표출되어 자기만의 독특한 아우라를 그리고 있다.

(4). 시의 숲속에서 풍기는 향기

녹색으로 뒤덮은 숲속에서 불어오는 서늘한 바람은 우리 인간에게 청량감을 준다.

숲속의 짙은 풀, 꽃향기 날리는 울창한 나무에서 피톤치드의 짙은 향기를 풍겨서 숲속의 특유한 신선함과 청결함을 가득히 내어주는 자연은 인간이 살아가는데, 절대적으로 필요한 자원이다.

우거진 수목으로 이룬 산림은 대기의 탁한 공기를 정화해 깨끗한 공기를 주고 맑은 물로 걸러주고, 목제, 휴양지 등 자연은 인간의 안락한 삶을 누리도록 직, 간접으로 여러 가지 혜택을 주고 있다. 생태계는 식량, 목제,

천연 약재, 기후조절, 홍수 등 자연재해로부터 보호하는 대기질 조절, 수질정화, 기후 온도조절, 자연재해, 생물의 서식지 근원 제공, 수분, 소음차단, 경관 가치, 휴식과 건강을 위한 휴양지로도 지대한 역할을 하고 있다.

  자연은 기후, 환경의 조절기능을 발휘해 생태계를 잘 이루어 인간이 살기 좋은 자연환경을 만들어 준다. 생태계 서비스는 우리의 생활환경에 지대한 영향을 주는 자연의 소중함을 알아야 한다.

       소나무 바람은 소나무소리
       삶 움츠렸던 그 향기
       꿈 이룩해 낳는 다반사

       좁은 코앞에 큰들 바로 이어져
       세상살이는 코 한숨에 굽이 넓어
       꽃길의 개똥밭에 듣는 귀뜨라미소리
       울음도 노래도 발 맞는 행진곡이 좋네

       넓고 넓은 저 하늘처럼
       쓰다듬게 밀어줄 녹차 사랑이여
       가슴이 온돌방 아랫목을 닮네

       차가운 방벽 사이로 봄날 차 한 잔
       꽃파리로 돌멩이 찻잔에 마음잡아
       사방팔방 짙은 마음속을 곁눈질
       정 나눔 세상에 똥바가지로 살고 싶네.

                        - 「숲속의 향기」 전문

자연의 혜택을 받고 사는 우리 인간은 자연과는 떼려야 뗄 수 없는 불가분의 관계를 유지하고 있다. 바람이 소나무에 스치는 소리는 우수수 하는 소나무 소리로 들린다. 개똥밭 꽃길에 들리는 귀뚜라미 소리도 자연에 어울리는 행진곡 소리로 들린다는 시인은 높고 넓은 저 하늘처럼 따뜻한 온돌방 아랫목에서 훈훈한 녹차를 마시는 녹차 사랑이 가슴에 와닿는다고 진솔한 심정을 표현하고 있다. 차가운 방벽 사이에서 따스한 봄날에 차 한 잔 찻잔에 마음잡아 사방팔방 짙은 마음속으로 곁눈질하며 정을 나누는 세상에서 살고 싶다고 하며 시인은 차에 대한 애정을 남다르게 느끼며 비유를 들어 표현하고 있다.

(5). 시는 분위기에 따라 시적 무드가 달라진다.
번잡한 도시에 사는 사람의 마음은 자연스럽게 도시의 분위기에 젖어들고 전원에 살면 자연 속에 순화된 정서가 앞장선다. 미국의 삼림 시인 소로우는 도시를 떠나 자연에서 자급자족의 생활을 해서 시골의 정서가 몸에 베이고 있어 시상의 주류를 이루고 있다. 이는 자연 친화적인 글을 써서 전원의 정서로 압축된다는 말이다.

> 버선발로 걸었던 그길
> 잡풀 매는 차밭 저 아씨
> 슬픔 맺은 호미 끝 자루마다
> 채워지는 찻꽃 사랑 밝아 피네

반항아리 찰떡 사랑
호미 끝에 맺어진 그리움
숨결도 찻맛 청춘 가슴
가을 찻꽃에 열망진 사랑

꼬부랑 차밭 길 멀고 멀어도
뻐꾹새 울음에 추억 날리며
자전거 바퀴처럼 이어온 사랑
내 가슴에 이차돈* 피 되어 내린다

아, 위대한 가을의 다향이
홀로 새기는 걸음은 그리움의 길
날마다 반짝이는 나그네 쉼터
사랑 무지개로 찻꽃 그린다네.

- 「차꽃잎 사랑」 전문
* 이차돈, 신라시대 불교 전래로 순교한 사람

자연에 묻혀서 농사를 지으며 차밭을 가꾸고 잡풀을 호미로 뜯어내며 일구는 아씨의 차밭 사랑은 반항아리 찰떡사랑이며, 호미 끝에 맺어진 그리움이고 숨결도 찻맛 청춘의 가슴이며 가을 찻 꽃에 열망진 사랑이다. 라고 비유를 들어 표현하고 있다. 꼬부랑 차밭이 길고 멀어도, 뻐꾹새 울음에 추억 날리며 자전거 바퀴처럼 이어온 사랑은 내 가슴에 이차돈* 피 되어 내린다. 라고 그리고 있다.
아, 위대한 가을의 다향이 홀로 새기는 걸음은 그리움의 길이며 날마다 반짝이는 나그네 쉼터이고 사랑스러운 무지개로 찻 꽃 그린 다네, 하며 시적 수사적 묘사로 차를 그리워하는 감성으로 시인은 노래하고 있다.

(6). 시는 이미지를 어떻게 구축하고 어떻게 사용하는가에 따라서 느낌이 다르게 나타난다.

 한여름 뙤약볕에 갑자기 쏟아지는 소나기는 시원한 청량감을 준다. 천둥 벼락을 동반한 검은 구름에서 쏟아지는 소나기는 때로 두려움을 준다. 그래서 그 상황에 따라서 시의 이미지는 다른 감정으로 다가온다.

    가슴 저으며 흐느끼는 가랑비
    주적주적 내리며
    목말라 뻗는 빈손
    꿈 하나로 몸숨 되찾아
    쉬운 듯 푸르게 누린 차밭

    한평생 바람 자주 부는 날
    촉촉이 내린 뜨거운 단비
    목청에 솟는 새싹눈물
    수줍게 달아 깨운 사나이
    기다린 계절마다 차밭 넘친다

    보이지도 않는 구석진 곳
    새끼에 젖꼭지 물리는 젊은 모성애

지켜보는 세계로 몸부림치는
　　별들이 단비내리는 차밭
　　새싹 피워 낼 생명이 또 살아있다.

　　　　　　　　　　- 「단비 내리는 차밭」 전문

　자연은 지표상에서 자라는 온갖 생물, 특히 식물은 시기적절하게 비가 내려야 물을 받아서 생육하며 산다.
　가슴 저으며 흐느끼는 가랑비가 주적주적 내리며 목말라 뻗는 빈손은 꿈 하나로 몸숨 되찾아서 쉬운 듯 푸르게 누린 차밭이라고 시인은 새싹이 자라는 현상을 적나라하게 표현하고 있다.
　바람 자주 부는 날 촉촉이 내린 뜨거운 단비는 새싹이 자라는 자양분이 되어 계절마다 풍성한 차밭을 이룬다는 시인은 하늘에서 내리는 단비는 생명수에 비유해 표현하고 있다.
　보이지도 않는 구석진 곳에서 새끼에 젖꼭지 물리는 젊은 모성애처럼 차밭에 단비 내리며 새싹 피워서 새 생명이 또 살아나고 있다. 라고 노래하는 시인은 하늘에서 내리는 단비는 새끼에게 젖꼭지 물리는 모성애처럼 새싹에 물을 주어서 새 생명으로 다시 살려 내고 있다는 시적 묘사로 은유로 에둘러 표현해 감동을 주고 있다.

(7). 고려시대 주로 음용한 차는 두 가지로 분류한다.
　하나는 국내에서 생산하는 토산 차가 있고, 외국산 차는 주로 宋 나라에서 수입해서 마시는 차로 구분했다. 국내 토산 차 중에 대표적인 차는 고려 왕실에서 주로 쓰인 腦原茶, 大茶, 火前茶, 작설차 등이 있다. 외국에서 수입한 대표적인 차 종류에는 용봉 단차, 香茶 등이 있다.

  소위 다도는 마음을 비우는 정신 수양의 순수 단계이다. 여기는 인생의 참모습, 깨달음, 자연의 순리로 가는 길이다. 생각하는 생활 방도를 통해서 검소하고, 우아한 삶을 지향해 보다 순수하고 아름다워지려는 사람의 소망을 담고서 그 삶에 충실히 찾아가는 진화하는 과정에서 생활의 올바른 자세로 바로잡아 가는 길이 곧 다도이다.

    푸른 무늬 칠한 것 아닌 듯한
    꽃잎은 겨울 못 이겨
    한 철 이어온 푸름도 예쁨도
    그림자뿐 영원을 남긴 것 없네

    차 한 잔 마실 여유 없이 쫓긴 그날들
    세월이 수레처럼 굴러가고
    똥똥 걷는 아이가 달리는 모습
    세월 탈바꿈에 행복 없이 갔다네

    도요지에 남은 파편 미련 안타까워
    누구라 이름 없이 살았다. 아닌 조각
    누가 세월잡고 그 자리 하소연할까
    차통 마실 차가 떨어져 있네

    종소리 울림 파장 따라 멀리 있는 길 떠난 채

다 버린 그 자리 터의 이야기뿐
천년 감탄을 안부로 물어온 세월
외롭지 않게 남은 토산차* 맛 그대로네.

- 「세월의 흔적」 전문
* 토산차(吐産茶) : 이름 없는 재래종차

 차는 주로 새싹(新茶)을 따서 원료로 구분 사용하고 있다. 새싹 중의 각종 성분은 성숙도에 따라 타닌, 아미노산, 카페인 등 성분은 감소하고 당, 전분, 조섬유 등의 탄수화물, 조지방 등은 증가한다. 일반적으로 새싹의 어린 부분을 원료로 하는 차는 품질이 좋고 반대로 경화 엽리 혼합된 차는 품질이 떨어진다고 전한다.
 푸른 무늬 칠한 것 아닌 듯한 꽃잎은 겨울을 못 이겨 한 철 이어온 푸름도 예쁨도 그림자뿐 영원을 남긴 것 없네, 라고 시인은 비유를 들어 전한다.
 차 한 잔 마실 여유도 없이 쫓긴 세월이 수레처럼 굴러가고 똥똥 걷는 아이가 달리는 모습으로 세월의 탈바꿈에 행복 없이 지나갔네, 하고 차를 즐겨 마실 여유도 없이 흐르는 세월에 서운함을 달래고 있다. 차통에 마실 차가 떨어져 평소 즐겨 마셨던 차와의 인연을 안타까워 하소연하고 있다.
 멀리 있는 길 떠난 채 다 버린 그 자리 터의 이야기일 뿐 천년동안 차 마시며 즐겼던 감탄을 안부로 물어 온 세월에 외롭지 않게 남은 토산차* 맛 그대로 이네하고 전에 즐겨 마시던 차의 순수한 맛을 못 잊고 다시 그 향기에 취해 돼 뇌이며 즐거워하는 모습으로 나타내고 있다.

(8). 짙은 녹차 향에 관하여

    남강보다 더 푸른 녹동골
    네 모든 것 다 바쳐 삶 얻은 그 터
    차나무 잎 반짝이는 깊은 임 눈빛
    꽃 닮은 임 아롱다롱 혼돈 없다네

    한천다실에 늘어놓는 녹동골 찻판
    성못길을 함께 하였던 그 임
    녹동차 마셨던 그 찻자리
    입 맞추었던 그 자리 다향 피었다

    외로워 허탕친 녹지산 언덕고개
    품어주는 묵은 다향에 푹 적신 추억
    노래 지어 불러 주었던 곡차 점주인
    고운 목소리 녹동골 닮았다

    차밭은 내꿈, 내 희망 낳은 그 터
    어머니 속살로 눈길 모아 심은 차나무
    꿈 주어 손 마음이 차 만들어 낸 녹동차
    어머니 손맛 차향기로 누가 새로워할까.

          - 「아름다운 다향」 전문

늘 생활에 젖어 녹차에 어우러진 그 진한 향기에 취해 찻상에 둘러앉아 마시던 추억의 소야곡을 노래하고 있다.

남강보다 더 푸른 녹동골에서 네 모든 것 다 바쳐 삶을 읽은 그 터에서 차나무 잎이 햇빛에 반짝이는 녹차를 보고서 꽃 같은 잎사귀가 바람에 흔들린다는 아름다운 모습을 선하게 그리고 있다.

한천 다실에 늘어놓는 녹차 찻판은 성묫길에 함께한 그 녹차, 녹동 차 마셨던 그 찻자리에 추억의 다향이 피어난다고 하며 옛날 성묫길에 마셨던 녹동 차 추억을 되살리고 있다.

시인은 곡차 점주의 고운 목소리까지 녹동 골 닮았다. 라고 하며 차사랑은 계속 이어지고 있다.

차밭은 나의 꿈, 녹차 사랑이 이뤄지는 내 희망을 낳은 그 터이다.

어머니 눈길 끌어 심은 차나무에 꿈을 심어 가꿔온 녹동 차는 어머니의 손맛이 차향기로 새로워지는 사연을 누가 알까. 라고 녹동 차와의 깊은 인연을 어머니 손맛 차 향기로 시적 묘사를 들어 메타포로 에둘러 표현하고 있다.

(9). 인생의 삶에 관하여

    작은 냇물이 큰물 만나는 날
    냇물 절벽에 폭포를 지어
    바위틈 사이로 차나무 동산 세워
    절경의 강산도 이렇게 이룩한다

햇살이 사라지는 저녁노을
고운 마음이 노을 지고
맑은 하늘이 구름을 만나
가랑비 이슬비로 내린다

사람들이 녹차를 마시다가
뒤늦게 찻맛의 즐거움을 알고
찻잔에 아름다운 멋을 느끼며
차 마시는 사랑에 행복 느낀다

오르막 내리막길 있듯이
삶에 얼룩진 그림자가 힘들 때
입술이 찻잔에 입무늬 그리듯
팽주 마음이 신비로 우려낸다.

- 「만남」 전문

   인간사의 만남과 헤어짐은 진리요, 생명이니라. 자연현상도 냇물이 모여 큰물을 미뤄 강물이 되고 바다로 흐른다. 냇물 절벽에 폭포를 이루고, 바위틈 사이로 차나무 동산을 이뤄 절경의 강산도 이렇게 이뤄진다고 하는 시인은 의미심장한 잔잔한 감동을 주고 있다.
   햇살이 서서히 지는 저녁노을에 고운 마음도 따라가 노을 지고 있을 무렵 맑은 하늘이 구름을 만나 가랑비 이슬비로 내린다고 한다. 사람들이 녹차를 마시다가 뒤늦게 차 맛의 즐거움을 알고서 찻잔에 아름다운 멋을 느끼며 차 마시는 사랑에 행복을 느낀다. 라고 하는 시인은 그 현상을 시적 묘사로 잘 표현하고 있다.

　인생의 여정이 오르막 내리막길 있듯이 삶에 얼룩진 그림자가 힘들 때 입술에 찻잔 무늬 그리듯 팽주 마음이 신비로 우려낸다고 하는 시인은 차 맛과 향기에 취해 그 순수한 차의 묘미를 수사적으로 잘 표현하고 있다.

(10). 마음에 그리는 녹차에 대한 사랑에 관하여

　　마음속에
　　생각 차이의 언어 반죽
　　한 순간에 찻잔 바뀐다

　　만남의 차이
　　밤낮이 바꾸어지고
　　찻자리 따라 찻잔 다르고
　　끓이는 차맛 다르다

　　잡초꽃 많이 피는 산들
　　누구의 책임 아니고
　　오직 자신 마음 때문이다

　　차 한 잔 마시는 멋도
　　마음먹기에 따라
　　멋진 하루를 맞는 하루야
　　새 세상 만듦 한 순간이다.

　　　　　　　　　-「한 마음」전문

한 마음은 각 개인의 생각이나 뜻이 분산되지 않고 하나 된 마음을 뜻한다. 그럴 경우 합심해 위대한 일을 이룰 수 있다. 마음속에 생각이 바뀌면 한순간에 중심이 바뀐다. 매일 밤 낮이 바뀌고 찻 자리에 따라서 마시는 차도 바뀌고, 차 맛이 달라 찻잔도 바뀐다고 하는 시인은 잡초꽃 많이 피는 산인들 누구의 책임도 아니고 오직 자신 마음을 심리적으로 그렇게 갖기 때문이라고 시인은 말한다.

차 한 잔 마시는 멋도 마음먹기에 따라서 멋진 하루를 맞는 하루가 된다고 하는 시인은 사람마다 새 세상 만드는 것도 한순간이다. 라고 강조하며 시적 묘사로 메타포를 에둘러 표현하고 있다.

(11). 건강과 정신을 수양하는 녹차 사랑

녹동 김기원 시인은 녹차의 전문가이며 장애인 200여 명을 돌봐 무료로 시술해 새 생명으로 살려준 위대한 사람이다. 그의 녹차 사랑은 보통 사람에게 비유할 경지가 아니다. 한국토산차 연구원장, 한국차학회 회장, 고문을 맡아 녹차 보급에 힘쓰고 홍보 광고 선전을 통해서 심약한 사람을 치유해 건강과 행복의 길로 안내하는 선각자 역할을 톡톡히 한 사람이다.

시인은 주로 화자 입장에서 작설차에 대한 진술 시를 많이 쓰고 있다. 그동안 녹차를 주제로 한 시, 녹차 사랑은 모든 이에게 잔잔한 감동을 주고 있다. 앞으로 더욱 매진해 대성하기를 바란다.

8

세계적인 유명한 시에 감동한 유년시절의 꿈을 펼치다

윤보 심종덕 제2 시집 『설악산의 하룻길』

8

세계적인 유명한 시에 감동한 유년시절의 꿈을 펼치다

윤보 심종덕 제2 시집 『설악산의 하룻길』

가. 詩人은 어린 시절 세계적인 문호 타고르의 시를 읽으며 많은 감흥과 동경의 대상이 되었다. 그 이후 한참 세월이 흐른 후에 서정주의 '국화' 정지용의 '향수'에 심취하고, 뒤이어 기욤 아폴리네르의 '미라보 다리'를 읽으며 화자는 언젠가는 커서 시인이 되고자 청운의 꿈을 가슴에 품고서 자랐다.

그러던 중에 시의 수련 과정을 통해서 시를 배우고 읽혀서 좋은 시를 쓰게 되어 드디어 청운의 꿈을 이뤘다고 말한다.

심종덕 시인은 자기가 쓴 시가 독자로 하여금 정감을 느껴 따듯한 위로가 되기를 바란다. 고 한다. 시인은 앞으로 더욱 열심히 노력해 좋은 시인이 되고자 한다고 의견을 피력했다. 그리고 시인은 천진하고 순수한 겸손함을 늘 잊지 않고 살았다.

미숙한 점이 발견되면 지적해 주고 잘된 점은 칭찬과 격려와 사랑으로 감싸 달라고 순수한 감정을 내비친다.

특히 시인은 시 창작 과정을 겪으면서 2번째 시집을 내게 된데 대하여 무한한 자부심을 느끼고서 앞을 향해 정진하고 있다.

화자는 솔직 담백하리만치 인생관과 시에 대한 해박한 지적 능력을 보유하고 있는 시인이다. 그는 삶의 지혜에서 우러나는 사유의 힘을 시 창작의 밑거름이 되었다고 자부하고 있다.

시인은 가슴속 깊이 감동을 주고 울려주는 시를 쓰고 있다. 내면에 흐르는 사유의 성찰로 아름다운 풍경을 서정적으로 진솔하게 그리고 독자가 깊은 정감을 느끼게 하고 있다.

시인의 순수한 숨결이 독자에게 흘러들어 꿈과 희망의 길잡이가 되고 싶다는 바람은 이를 뒷받침하고 있다.

나. 시인의 자화상 찾기

詩는 시인의 표정이다. 시는 시인의 자체이며. 마치 거울 앞에 서서 들려다 보는 시인의 얼굴과 같다. 시인은 있는 그대로 꾸밀 수 없고 우회가 없는 정신세계의 내면을 고백하는 현상과도 같기 때문에 시는 곧 시인의 자화상이다.

시는 곧 시인의 정신세계이고 온도계이며 정직한 삶의 표정을 담는다.

시적 장치, 비유, 은유 혹은 직유나 풍자 이미지 상징 또는 역설 등의 장치를 통해서 의식을 기록하여 정밀한 심리적인 현상까지 나타나게 된다.

시인은 시적 장치를 통해서 항상 낯설게하기 새롭게 하기 등을 가동하지만 시의 특성은 자화상을 그리는 범주에서 크게 벗어나지 않는 진실성에 무게를 두고 있다.

자기를 내세우는 데 꾸미거나 과장해 나타내는 것은 진실성과 다르다.

진실한 삶의 바탕 위에서 시어를 동원해 진실한 의상을 입힐 때는 독자에게 깊은 감동을 준다. 이런 바탕 위에 시 창작은 시인 자신을 나타내는 그림과 같다는 말이다.

다. 심종덕 시인의 시 세계

솔직 담백하리만치 착하고 고운 심성으로 창작한 시는 모든 이에게 심적으로 깊이 울려 줘서 잔잔한 감동을 준다. 시인은 시에 무엇을 담았는지 그의 시 세계에 들어가 「해바라기」, 「가을의 추억」, 「인연」, 「그리움」, 「40대 니트족」, 「울산바위」, 「봄 향기」, 「남산 트래킹」, 「시련속에 꽃피고」, 「억새」를 시평 하고자 한다.

(1). 뜨거운 열정과 감성으로 바라보는 해바라기의 영상

태양을 바라보며 뜨거운 열정과 감정을 나타내는 영혼의 꽃으로 인간사에서 대변하고 있다.

한국 각지에 널려 자라고 있는 해바라기는 높이 2m 내외의 아메리카산 한해살이로 황색의 둥군 타원 형태이다. 끝이 뾰족하고 잎은 어긋나고 잎자루가 길며 심장형 달걀 모양을 하고 있다. 양지바른 뜰이나 조성한 밭에 잘 자라고, 해바라기 둘레에는 억센 털처럼 톱니가 있다.

해를 따라 도는 것으로 오인한 데서 붙여진 해바라기는 영어로 sunflower이고, 한문으로 向日花·朝日花라고도 부른다.

해바라기는 8~9월에 피고 원줄기가 가지 끝에 1개씩 매달려서 옆으로 처진다.

꽃은 지름이 30cm 내외고. 색깔은 주로 노란색이 많고 갈색도 보인다. 10월에 열매를 맺는다.

쏟아질 듯
별 가득한
마음잡아
긴긴밤 새우고
해 뜨는 아침
환한 웃음으로
바라본다

거친 여정을
고운 햇살로

나태함을 일깨우고
걸핏하면 손톱을 세우지만

시간은 흐르고
부는 바람도 흰 구름도
이슬 반짝이는
아침 해를 맞는다
바쁜 일상에 해가 진다

참 빨리 하루가 간다

- 「해바라기」 전문

 기나긴 밤을 지세우고 아침 햇살의 영롱한 이슬을 담고서 맞이하는 하루의 여정을 알리는 해바라기는 부지런히 일과를 준비해 서두르는 시인에게 일의 재촉을 알려주며 경각심을 준다고 에둘러 메타포로 표현하고 있다.
 하루의 일과는 거친 여정을 고운 햇살로 나태함을 일깨우고 걸핏하면 손톱을 세우지만 시간은 흐르고 부는 바람도 흰 구름도 이슬 반짝이는 아침 해를 맞는다. 라는 심정을 표현하고 있다. 바쁜 일상에 해가 찬란한 햇살로 다가와 서둘러 일을 시작하지만 벌써 점심시간이 되고 조금 지나면 어느새 하루해가 서산에 기울어져 낙조가 드리우고 있다고 하는 시인은 별로 한 일도 없는데 시간의 흐름이 너무 빠르다고 한탄조로 말한다.
 하루해가 눈 깜짝할 사이에 지난다는 시인은 해를 따라가며 비추는 해바라기의 아름다운 정서를 느끼게 하고 있다. 하루해의 여정을 감안해 서둘러 일하지만, 너무 빨리 지나가는 하루의 해가 유수처럼 흘러 애절하고 아쉬운 심정을 수사적 묘사를 들어 노래로 표현하고 있다.

(2). 천고마비 지절에 가을의 정취를 느끼다.

  청명한 가을 하늘에 뭉게구름이 떠가고, 고추잠자리 날아드는 황금들판, 불어오는 바람에 하늘하늘 춤추는 코스모스 꽃길, 저물어가는 갈대숲, 가을이 손짓하는 결실의 계절은 우리 생활의 풍요로움을 가져오고 있다.

  한해의 수확기 가을, 자연의 노래를 부르며 산야는 황금빛으로 물들어 간다.

  이동원의 노래, 가을 편지, 패티 김의 가을을 남기고 간사랑, 가을이 오는 소리 등의 노래를 들을 때면 우리의 마음을 더욱 설레게 한다. 짙게 물든 가을의 추억, 우수에 젖은 가을의 찬사가 널리 읽혀지고 노래한다.

    평생 간직한
    사랑
    단풍잎 위에 적어봅니다

    벌레들의 노랫소리
    새소리, 휠휠 나는 기러기 소리
    섬돌 밑, 귀뚜라미 소리 들으며

함께 걸었던 단풍길
햇살과 바람, 구름까지
다 모아

우리들의, 진실을
고운 잎에 적어 보냅니다
그 가을의 추억을

- 「가을의 추억」 전문

 오색 단풍이 찾아드는 청명한 가을하늘, 조석 간에 부르는 풀벌레의 합창 소리, 귀뚜라미 소리, 창공을 드높이 떼 지어 날며 북녘을 향해 나는 기러기 소리, 찬란한 햇빛에 솔솔 부는 서늘한 바람에 실려 가는 새털구름, 깊어지는 가을밤, 황금 들판에서 수확을 걷어드리는 농부의 풍년가를 부르는 모습까지 가을의 정취는 우리의 마음을 풍요롭고 설레게 한다.
 평생 간직한 사랑을 단풍잎 위에 적어봅니다. 라고 하는 시인은 가을의 풍경을 단풍잎 위에 하나하나 적어보고 벌레들의 노랫소리, 새소리, 훨훨 나는 기러기 소리, 섬돌 밑에서 우는 귀뚜라미 소리 들으며 함께 걸었던 단풍 길에 햇살과 바람, 구름까지 다 모아서, 세상을 누비고 있는 가을의 온갖 정취를 하나하나 들쳐서 시적 묘사 비유를 들어 노래하고 있다.
 우리들의, 진실을 고운 잎에 적어 보냅니다. 라고 하며 그 가을 추억의 장을 돼 색이고 있다.
 가을맞이 아름다운 추억을 고운 잎에 일일이 적어서 엽서를 보낸다는 시인은 가을에 흠뻑 심취해 있는 모습이 독자에게 잔잔한 감동을 주고 있다.

(3). 인연이란 사람 사이의 연분, 상황이나 사물과 맺어지는 관계이다.
  소위 불교에서 말하는 직접적인 원인 因과 간접적인 緣을 일컬어 말한다.
  불교에서는 원인에 대한 결과의 뜻도 내포하고 있다.
  인연이라 윤회 사상의 인과응보에 의한 결과물로서 사물과 인간의 법칙, 특정한 시간, 공간에 의해 조성된 환경에 의해서 관련짓기도 하고 있다.

     그물망 위
     누군가 친 볼이
     먼저 떨어져 내려오다가
     올려친 내 볼과 마주 한다

     많은 소리 중에서
     그대의 소리 들리고

     바람 같은 인연에서
     당신이 나를 찾았고

     많은 사람 중에서

나는 당신 하나만 보이네

인연은 강물처럼
흘러도
한 곳으로 모이고
바다에 이르러

결국은
너와 내가 만나는 것이리라

- 「인연」 전문

인연이란 생각지도 않은 기회에 서로 마주하는 연분, 관계를 말한다. 시인은 생각지도 않은 우연한 기회에 서로 마주쳐 연분을 쌓았고 이를 기회로 연분이 맺어지는 인연을 맺혔다. 라고 말하는 시인은 수많은 사람 중에 귀한 그대와 만나는 기회가 우리를 연분으로 이끌었다는 수사적 메타포를 써가며 사유를 해설하고 있다.

인연은 강물처럼 흘러도 한 곳으로 모이고 바다에 이르러 결국은 너와 내가 만나는 기회로 좋은 인연을 맺는 다는 시인은 인연의 중요성을 직유로 에둘러 그리며 강조하고 있다.

(4). 그리움의 대상은 여러 사물을 전제로 전개될 수 있다.
그리움은 부모형제, 사랑하는 사람, 고향, 조국에 대한 그리움, 그 대상은 이루 말할 수 없을 정도로 많다. 사람은 살다 보면 누구나 무언가 이별해야 하는 순간에 그리움에 젖어 든다. 그래서 마음속에 고이 간직하고 있는 아름다운 추억을 들려다 보고 싶어 애타는 마음으로 의미를 부여기도 한다.

    보령엔 함박눈 쌓여 있는가
    험한 바닷바람 심하게 불고 있겠지
    봇둑에 치는 파도는 여전하겠지
    동네 저수지는 꽁꽁 얼어 있는가
    잔솔 사이 토끼길 도 하얗게 눈이 덮여 있겠지

    세찬 솔바람 소리도 여전하겠지
    산골 골짝 작은 마을
    줄 지은 지붕 하얗게 소복이
    눈 내려 쌓이고

    전화 한 통이면 될 걸
    그리워하면서도
    소식 물을 이 없어
    잠 안 오는데
    명자네 집은 안녕하신지

    서러운 돌무덤에
    하얀 눈 쌓이겠지
    실안개처럼

스미는 하얀 그리움

- 「그리움」 전문

   사람은 자기가 자란 고향, 부모와 함께 지낸 고향을 그리워한다.
   시인이 고향을 잊지 못해 듣고 싶은 소식 그리워하는 고향 풍경이 시 이미지에 고스란히 그려져 있다. 함박눈이 내려 산야를 뒤 덮고 산골 마을 동네 지붕, 돌무덤에도 소복이 쌓이는 눈, 얼은 저수지, 파도치는 바다, 심지어 토끼 다니는 숲속 길까지 눈이 쌓이는 현상을 시각적으로 세세하게 느끼고 있다. 어린 시절 동네 여자 친구 집까지 온전히 잘 있는지 알고 싶어 궁금증이 돋는 심정이 수사적 묘사로 적나라하게 표현하고 있다.
   고향 떠난 지 오래되어 소식 주고받을 사람 없어 궁금해 하던 중에 전화 한 통이면 고향 정경을 다 알 수도 있지만 그렇지 못하는 시인의 현실을 안타까워하고 있는 심정을 비유로 에둘러 노래해 잔잔한 감동을 자아낸다.

(5). 젊은 나이에 구직을 포기하고 늙은 부모 밑에 얹혀사는 자식을 니트족이라 한다.
   신종 용어 니트(Neet)족은 일하지 않고, 직업, 훈련 교육을 받지 않는다는 뜻으로 Not in Education, Employment or Training의 줄인 말이다. 통상 미혼에 가사도 돌보지 않고 자기 발전을 위해 학교 다니지도 않는 무직자로서 일할 의지는 있지만 취업 의욕이 없는 자를 말한다.

조선일보(2019년 12월 26일)에 따르면 2000년 이후 30대부터 구직을 포기하고 40대 고용 부진에 따른 사회 현상이 세월이 흐르면서 두드러지게 나타난다고 한다.

    얹혀사는 중년이 당당할수록
    이 나라 사회 한구석이 무기력해지고
    국가의 성장이 멈춰버리는 것이다

    7080세대의 자식들이다
    중년의 부양할 능력이 되는
    1970~80년대 경제성장의 혜택을 입은
    40대 니트족이다

    풍족한 사회에서 일하기 싫은
    차라리 부모 잔소리 듣는 게
    더 합리적이라고 생각하는
    "하류지향"에서 오는
    성취동기를 상실한 신인류 족이다
    "왜 일을 하지 않느냐"물으면
    "부러워하면 지는 거다"라고도 말한다

    취업훈련도 받지 않는다
    무직이면서
    학생도 아닌데

                    - 「40대 니트족」 전문

한참 일해 가족과 부모를 부양할 자식들이 취업은 안 하고 노부모 밑에서 얹혀살고 있다. 가정 내막을 들려다 보면 자기 목표 실패에 좌절, 의욕 상실 등 여러 가지 사연이 있겠지만 미혼에 가사도 돌보지 않는 무직자로서 일할 의지는 있지만 취업할 의욕이 없이 사는 자를 말한다. 더욱 1970~80년대 경제성장으로 풍요한 생활을 하는 노부모 밑에서 빈둥대며 살고 있다.

자기 발전을 위해 교육 훈련을 받지 않고 허송세월하고 있어 노부모나 형제자매 중에서는 그들을 안타까워 걱정스러운 눈으로 그들의 동태를 들여다보고 있다.

풍족한 사회에서 일하기 싫으면 차라리 부모 잔소리 듣는 게 더 합리적이라고 생각하는 "하류 지향"에서 오는 사람들로서 성취동기를 상실한 신인류 족이다

"왜 일을 하지 않느냐"하고 물으면 "부러워하면 지는 거다"라고도 솔직히 말한다.

화자는 그들의 사고방식은 하류 지향이며 성취동기를 상실한 신인류 니트족이라고 부르는 시인은 사회의 병리 현상을 안타까운 심정으로 꼭 집어서 시적 묘사 비유로 에둘러 표현하고 있다.

(6). 울산바위는 강원도 속초시 설악동에 있는 바위 이름이다.

울산 바위는 설악산 북쪽 해발 780m 화강암으로 설악산을 병풍처럼 둘러싸고 우뚝 솟은 6개의 봉우리이다. 정상에 항아리 모양의 구멍이 5개 있다. 조선 고지도에는 바위가 많고 큰바람 소리가 울린다는 天吼山

으로 표시되어 있다.

  설악산 국립공원 내 울산바위는 2013년 3월 11일 명승 제100호로 지정되어 관리되고 있다. 암 절벽의 경이로운 자연경관으로 경치가 좋아 그 자체로 명승적인 가치를 지니고 있다. 고래로부터 수많은 문인이 그 웅장함과 수려한 풍경을 시로 노래하고, 김홍도의 산수화는 미술사적 명승지의 가치로 남아있다.

    바람이 손짓하고
    그리움이 토막처럼 굴러다니는
    시간이 누어 버린 곳

    여전히 그 자리인데
    깊게 파인
    남아있는 흔적

    위태롭게
    금방 구를 것 같은
    돌에 불과한 생명 없는 바위

    눈부신 불꽃 없이
    구부정한 해는
    그리움으로 넘어가는
    저녁 노을빛

    마실 나간 바람만 스쳐간다

              - 「울산바위」 전문

설악산 울산바위는 이름만 들어도 기이하다. 왜, 설악산에 있는 기암괴석을 울산바위라고 부르나 하고 누구나 의문이 든다.

蔚山이라는 명칭은 기이한 봉우리가 울타리(蔚)처럼 둘러쳐져 유래한 이름이라고 전한다.

전설에 의하면 태초에 조물주가 금강산을 만들면서 전국의 이름난 바위들을 금강산으로 불러 모았다. 울산에 있던 울산바위도 금강산 일원으로 들어가려고 부지런히 북쪽으로 걸어서 올라왔다. 그런데 금강산 바로 아래 설악산에 이르러 금강산 일만 이천 봉이 완성되었다는 소식을 듣고서 그만 실망한 나머지 그 자리에 멈춘 곳이 현재의 울산바위라고 한다.

시인은 울산 바위에 대하여 바람이 손짓하고 그리움이 토막처럼 굴러다니는 시간에 누워 아래로 구를 것 같은 위태로운 바위를 바라보면서 하세월을 버티고 있는 울산바위의 애처로움을 시적 묘사를 들어서 표현하고 있다.

위태롭게 금방 구를 것 같은 돌에 불과한 생명 없는 바위를 바라보는 시인은 서산에 지는 붉게 물들어가는 새빨간 노을을 보는 순간 덧없이 스쳐 지나가는 바람에 실려 쓸쓸하고 고독한 심정을 시로 토로하며 수사적 묘사를 들어 에둘러 노래하고 있다.

(7). 봄은 연중 첫째 절기로 3월 중순부터 5월 말경까지이다.

인생의 왕성한 청년기 한때를 비유적으로 말하기도 하고, 희망찬 앞날과 행운을 대신해 말하는 경우에 주로 쓰이고 있다. 이때는 봄의 화신이라 불리는 개나리, 진달래가 남쪽에서 피기 시작해 북쪽으로 서서히 올라온다. 본격적으로 벚꽃이 피기 시작하고 봄을 알리는 시기로서 제비가 4월 중순경부터 하늘에 나타난다.

산야에 잔디가 살아나고, 풀밭에 할미꽃이 피는 봄이 다가온다. 시기적으로 겨우내 추위에 움츠려 살던 자연의 생물이 소생하는 봄을 맞아 기지개를 켠다.

시는 자기가 거처하는 자연환경의 분위기에 따라서 시적 무드가 달라진다.

번잡한 도시에 사는 사람의 마음은 자연스럽게 精緻하고 치밀한 도시의 무드가 서려 있다. 그러나 전원에 살면 자연스럽게 순화된 정서가 앞장선다. 미국의 삼림 시인 소로 우는 도시를 떠나 자연에서 자급자족한 생활의 정서가 몸에 베이면서 그의 시상의 주류를 이룬다고 한다.

산과 들 작은 새순
뾰족뾰족 피어오른다
하루가 다르게 변해가는 계절의 색감
자연의 신비를 느낀다

따스한 봄 온기 퍼지면
옆집할머니와 엄마는
대바구니 하나 옆에 끼고
나지막한 산이나 강기슭에 나가시곤 했다

나는 뭔지도 모르고 쫄래쫄래 따라다녔다
쪼그리고 앉아서 무언가를 캐는 엄마 옆에서
이내 봄기운에 졸려
앞치마 깔고 한숨을 자곤 했다
도시에서는 말도 안 되는 풍경이지
그때는 그랬다
한소쿠리씩 담아내던 그 시절

쑥향이 아직도 코끝을 스치는 듯 그립다

- 「봄 향기」 전문

   산야에 푸른색 싹이 돋아나는 새봄, 만물이 소생하는 신비를 느낀다는 시인은 옆집 할머니와 어머니가 바구니를 허리춤에 끼고서 나지막한 산이나 강기슭에 나가서 나물 캐는 장면을 시적으로 묘사하고 있다.
   어린 시절 뭔지 모르고 쫄래쫄래 따라다니다가 봄기운에 취해 졸려서 엄마 앞치마 깔고 한숨 자고 깨어났다는 시인의 어린 시절 아련한 추억의 풍경이 시로 리얼하게 옮기고 있다.
   도시에서는 생각지도 못하는 장면이지만 그때 그 시절은 그렇게 살아왔다는 삶의 흔적을 시인은 에둘러 메타포를 표현하고 있다. 쑥 향이 아직도 코끝에 스치듯 그립다는 시인은 옛 어린 시절 시골 풍경을 잘 그리고 있다.

(8). 남산 정상가는 길은 돌계단, 케이블카, 그리고 버스로 가능하다.

南山은 서울시 중구와 용산구에 걸쳐있는 해발 높이 270.85m로 서울 중심부에 우뚝 솟은 둥그런 산이다.

남산 정상까지 케이블카가 연결되어 있어 오르내리기가 편리하고 서울타워가 있어 시내를 한눈에 내려다볼 수 있는 관광지이다. 남산에 1,2,3호 터널이 뚫려 있어 교통편도 편리하다.

남산은 1394년 조선 태조가 도읍지로 정할 때 산봉우리가 남쪽에 위치해 남산으로 부른 데서 유래한다. 다른 이름으로 木覓山이라고 불렀다.

남산 정상에 봉수대를 설치해 나라에 비상시, 긴급 위난 시 봉화로 전달하는 통신역할을 했다. 서울의 북쪽에 있는 북악산, 낙산, 인왕산 등 높은 산이 서북쪽을 막고 그 안쪽에 넓은 평지를 이루고, 한강이 동쪽에서 서쪽으로 휘감아 돌고 있다.

예로부터 산의 고저 능선을 따라서 성곽을 쌓아 외부의 적을 방호하는 주요한 역할을 했다.

남산의 둘레길은 여러 방향에서 남산 정상으로 연결되어 있다. 남산 산책로를 따라서 정상에 올라가고. 케이블카, 버스가 정상까지 운행하고 있다.

사시사철 청록색의 우거진 소나무 숲을 이러 풍광이 수려하고, 봄에 철쭉꽃을 비롯한 온갖 꽃이 피어 산 전체가 화사하고 가을에 곱게 물든 오색 단풍이 장관을 이루고 있다.

남산 정상 남산 팔각정 아래 평지에서 수시로 각종 공연, 문화행사를 치르고, 여러 개의 봉수대 시설, 연인의 사랑 열쇠, 높이 들어선 돌계단, 하늘 높은 서울타워는 시내 거리 조망과 야경으로 유명하다.

떠오르는 태양을 보라
늦은 비
성난 태풍
실바람
잔잔한 한강 물결
한강끝 염하강의 성난 파도도 있다
때를 따라 내리는 가는 비
파란 하늘 두둥실 떠있는
흰 구름과 먹구름
졸졸 흐르는 골짜기 물
힘차게 흘러내리는 폭포
잔잔함과 평화로 움과
육대주의 중심에 서서
붉은 저녁노을
붉게 물들이며
지는 석양을 호령하고
하늘에 반짝이는 별들
저녁 밝혀주는 둥근달
이모든 것 위에
남산이라는 이름으로
서울 한복판 우뚝 서 있어
존재한다

인구 1천1백만이 웅거하는 서울의 중심에
각본처럼 질서정연하여
생명의 근원이 되고
여기에 우리가 살고 내가 존재한다

이른 봄 우리는 트래킹을 한다

- 「남산 트래킹」 전문

서울 중심부에 자리 잡고 있는 푸르른 남산은 서울의 상징이다. 인구 1천1백만이 거주하며 누구나 일어서 눈을 돌리면 보이는 남산은 우리 서울 시민 삶의 희망이고 등불이라고 시인은 강조하고 있다.

동녘에 떠오르는 태양을 맞이하며, 동에서 서로 흐르는 잔잔한 한강은 우리의 생명수이고, 청명한 하늘에 흰 구름이 떠서 동으로 흐르고 서산으로 붉게 물든 노을이 질 때면 가슴으로 안은 밤하늘에 반짝이는 별이 빛나고 둥근달이 남산 위에서 떠서 비추면 황홀한 풍경을 연출한다는 시인은 서울에 존재하는 자신의 삶을 되돌아보고 있다.

이른 봄 남산 트래킹으로 몸을 건강하게 단련하고 있다는 화자는 남산을 삶의 터전으로 수사적 시적 묘사를 들어 잘 표현하고 있다.

(9). 시련의 극복은 성공의 지름길이다.

시련이란 극복하기 어려운 고비나 의지정도 사람됨을 시험하는 과정을 말하기도 한다.

어렵고 힘들어 극복하기 어려운 상황으로 古事成語에 苦盡甘來라는 뜻이 있다.

고생 끝에 즐거움, 樂이 온다는 뜻도 내포하고 있다.

된서리
내리는 날
갈바람 맞으며
피는 들국화야

물리칠 수 없는
고통에 서러워라
절절한 마음
너를 그린다

세찬 비 찬바람 불어도
하늘대는
들국화 꽃길을
손 꼭 잡고 굳세게 걷고 싶어라

아프지 않고
피는 꽃이 있으랴 마는

- 「시련 속에 꽃피고」 전문

  된서리 내리는 날 갈바람 맞으며 피는 들국화는 갖은 풍상을 겪으며 피고 지는 애절한 마음으로 바라보면서 안타까워하는 시인의 심정을 잘 그리고 있다.
  세찬 비 찬바람 불어도 굳세게 자라고 있는 들국화에 위안을 주고 있는 시인의 심정은 참으로 착한 심상이 시적 묘사로 묻어나고 있다.

바람에 흔들리며 시련 없이 피는 꽃이 어디 있으련만 잘 견디고 피는 들국화에 용기를 주는 시인의 청순하고 안타까운 심상을 수사적 묘사 비유를 들어 적나라하게 표현하고 있다.

(10). 물가 풀밭에 자라는 억새는 가을의 정취를 풍긴다.

억새는 햇빛이 잘 들고 물이 흐르는 개천 둑이나 들판 언덕에 무리를 지어 무성한 풀밭에서 잘 자란다. 바람에 흔들리는 백발의 머리를 들고 서 사는 여러해살이풀이다.

갈대처럼 줄기가 비슷해 곧게 자라 키가 2m 내외 정도 된다. 굵고 짧은 땅속줄기가 뿌리를 내리고 산다. 잎은 길이 60cm 내외, 폭 1cm 내외로 줄처럼 납작하고, 가장자리가 까칠까칠하고 밑 부분에는 잎 집이 줄기를 싸고 길다.

꽃은 주로 9월에 줄기의 끝에서 부채모양의 형상을 하고 자란다. 꽃 모양은 가늘고 끝이 뾰쪽한 작은 이삭들이 모여서 꽃을 이루고 황백색의 솜털이 나 있다

억새는 갈대와 비슷해서 착각하기도 쉽다.

억새의 종류에는 물억새, 가는 잎 억새, 흰 억새 등이 있다. 물억새는 습지에서 무리 지어 살고, 통상 억새와 비슷하나 완연히 구별된다.

갈대와 억새는 흰머리를 풀고 솔 솔 부는 바람에 하느적거려서 가을 풍경을 아름답게 수놓는다.

가을빛 검은 들녘
단풍든 떡잎 갈바람 불면
바스락 소리에 떠는
억새 고운 잎사귀마다
목적 없이 길나서고

고라니 밟고 간 자리
쌓인 낙엽 세월 재촉에
빛고을 들녘으로 쓸쓸히 떠납니다
가을이 저만치 멀어지고
문밖의 찬바람 소리 들리고

풀어 헤친 흰머리
향기 없지만
새하얀 억새꽃
탐스러운 군무
가을 파수꾼
황혼 부부의
머리카락을 닮았습니다

- 「억새」 전문

억새는 가을의 손님답게 들판 언덕에 무리 지어 자란다. 갈대와 억새는 흰머리를 풀고 솔 솔 부는 바람에 흐느적거려서 가을 풍경을 아름답게 수놓는다.

시인은 바람에 휘날리는 억새의 하얀 머리를 보고서 우수수한 가을의 풍경을 그리고 있다.

오색 단풍이 절경을 이루고 쓸쓸한 가을, 세월 속에 한 잎 두 잎 떨어져 땅바닥에 구르며 쌓이는 낙엽을 보면서 문밖의 찬바람 소리 들리는 무렵 가을이 저만치 멀어져 가고 단풍 지는 소리에 귀를 기울여 본다고 시적 묘사를 들어 표현하고 있다.

시인은 억새를 살펴보면서 하늘에 풀어헤친 흰머리에 향기는 없지만 새하얀 억새꽃이 휘날리고 있어 늦가을의 풍경을 자아낸다고 한다. 시인의 심정은 마치 황혼 부부의 흰 머리카락을 연상케 해서 쓸쓸하고 애처로운 모습을 비유로 에둘러 인생의 무상함을 노래로 엮고 있다.

(11). 심종덕 시인의 시 세계

시인의 성품대로 꾸밈없이 현실 세계를 적나라하게 그리며 노래하고 있어 독자에게 잔잔한 감동을 주고 있다.

시인은 자연의 원리와 삶의 주제를 선정해 독자들이 이해하기 쉽게 시를 쓰고 있다. 은유나 비유를 마구 쓰지도 않고 그렇다고 과장된 미사여구를 써서 포장하지도 않는 순수한 시어들이다. 누구나 보면 쉽게 알고 이해하도록 시를 쓰고 있어 재주가 특출하다.

9

천혜의 자연 풍광을 자랑하는 삼다도
제주를 중심으로 한 시 세계의 향연

채완 부태식 시집 『사색의 여행』

9

천혜의 자연 풍광을 자랑하는
삼다도 제주를 중심으로 한 시 세계의 향연

채완 부태식 시집 『사색의 여행』

가. 詩 創作은 저변에 움직이는 숨소리에 귀를 기울여야 좋은 시를 쓴다.

시 창조의 원천과 표정을 만나기 위해서 노력해야 詩 神을 만난다.

시 창조의 기운은 어디서 오는가?

시인은 누구나 시 창작에 의문을 품는다.

詩 創作을 어떻게 할 것인가는 시인이 항상 의문을 품고 탐색하는 사항이다.

어느 순간에 詩想이 떴다가 얼마 동안 의식의 중심에서 거닐다 시인의 의식이 흐려질 때면 소리 없이 사라지는 것이 시상이다. 그럴 경우 시인은 시상을 잡으려고 얼마나 고심하며 탐색하는가. 만약 그런 시상의 고뇌를 한 번도 겪어보지 않았다면 그 시인은 여전히 오리무중 한 混沌의 길 한가운데에서 시를 쓰려고 머뭇거릴 것이다.

그래서 시 창작은 그렇게 어렵다고 한다.

시도 때도 없이 시상이 들어올 때는 사전에 준비가 완료된 시인은 詩 創作의 만남을 기쁨으로 맞이할 것이다.

나. 濟州道는 활화산으로 형성한 섬이다.

  제주도는 성산 일출봉, 거문 오름, 백록담 등 빼어난 절경은 바다와 산, 문화와 휴양의 조건을 두루 갖춘 환상적인 휴양지이다.

  제주도의 다른 말로 三多는 여자, 바람, 돌이다.

  옛날 어업으로 연명하던 시절 수시 태풍으로 바다에 휩쓸려 간 남자들, 자구책으로 바다에 나선 해녀들, 널려 있는 검회색 화강암, 돌 등을 삼다라 칭한다.

  산야에 있는 사시사철 나무와 아열대 수풀, 수종의 화사한 꽃은 즐겁게 우리의 가슴에 다가온다.

  채완 부태식 시인은 새로운 토지를 조성해 수려한 집을 짓고 자연 풍광을 향유하고 사색하면서 신선한 삶을 살고 있다. 그것도 천혜의 경치를 자랑하는 제주의 도두봉 자락에서 말이다. 천혜의 자연환경을 사랑하는 시인은 제주도의 아름다운 풍광을 벗 삼아 시를 창작하고 노래하는 탐라 특유의 시작 풍경화를 자아내고 있다.

다. 채완 부태식 시인의 시 세계

  제주도가 고향인 시인은 한라산의 수려한 경치, 해풍과 파란 물결이 이는 수평선을 바라보면서 시 소재로 시상을 찾았으리라 생각한다.

  드넓은 바다처럼 맑고 고운 마음을 지닌 시인은 시 창작의 대상에 무엇을 담았는지 그의 시 세계에 들어가 「만나서 사랑하기 위해선」, 「엉겅퀴」, 「나그네」, 「유리창과 허상」, 「쿠데타를 일으킬 정통후계자」, 「슬픈 부메랑」, 「잊혀진 계절」, 「한라산」, 「귀여운 여자」, 「메뚜기」를 시평 하고자 한다.

(1). 사람은 사회적인 동물이다.

　인생은 삶을 통해서 우연한 기회에 사람을 만나고 헤어진다. 이것은 인생의 법칙이다.

　우리는 만나고 헤어지는 일을 당연하게 받아들인다. 그런 자연, 사회적 환경이 우리의 생활을 지배하기 때문이다.

　사회, 학교, 직장, 동네에서 만나 사귀는 친한 친구와의 만남, 사랑하는 연인과의 만남과 결혼, 삶의 환경이 바뀌면서 이동, 이사, 헤어짐 등이 되겠다. 그래서 좋은 이성을 만나 서로 좋아하고 사랑하고 결혼해 살면서 자식을 낳아 기르고 자식이 어느 정도 성장해 짝을 찾아 나서는 일련의 과정을 우리는 인생 여정이라고 하며 인생을 살면서 수없이 겪는 일이다.

조용해진 날
문득이나 침묵에 잠기여
지키지 못한 약속을 향해선
뜨거운 김 빠져나간 긴 한숨이 흐르고
오늘도 또다시
어디로든 떠나지 못한
자신 자신에 못 이겨
한숨 한 움큼을 낙엽에 실어 보냅니다.

부둣가는 어선들이 쉬어가고
달리는 기차의 열정과 기다림 사이론
기차도 울고 나도 울고
그래서 울다 지친 철로처럼

기차도 떨리고 나도 떨립니다.

원수들이 서로 선한 마음으로
변하는 만큼 우리도,
진실을 심장 가득히 손끝으로 느낄 수 있는
윤리 충만한 믿음을 얻었으면 합니다.
비참토록 처참히 갈라진 세상에
어느 월남한 작가의 눈물 만큼씩
소중한 사람을 잊으며 산다는
죄의식을 또렷이 느꼈으면 합니다.

험해진 하늘 아래서
그 옛날의 흔했던 사랑을
주고받지 않는 우리는,
서로 영영 모르는 남남은 아니랍니다.

- 「만나서 사랑하기 위해선」 전문

　사람은 태어나서 조부모, 부모와 형제자매의 사랑을 받고 자란다. 자라면서 친구를 사귀고, 어느 정도 성장해서 친구로 만난 이성을 서로 좋아하고 사랑하게 된다. 서로가 먼 훗날 맺기로 약속을 해 놓고서 생활환경이 변해서 그 약속을 이행 못하고 져버리는 경우가 우리 인간사에서 흔하디흔한 일이다. 그러함에도 불구하고 서로의 환경과 이견 때문에 그 숭고한 약속을 이행 못하고 헤어지며 마음속으로 그리워하며 안타까움을 뉘우치고 후회하는 심정을 시적 묘사를 들어 표현하고 있다.

부둣가는 어선들이 쉬어가고 달리는 기차의 열정과 기다림 사이에서 기차도 울고 나도 울고 그래서 울다 지친 철로처럼 기차도 떨리고 나도 떨립니다. 라고 하는 시인은 서로 사랑하는 연인과의 언약을 지키지 못한 죄책감과 슬픈 사연을 수사적 묘사를 들어서 그동안 못 이룬 사랑의 미련을 적나라하게 표현하고 있다.

하늘 아래서 굳은 약속을 하고서 서로 사랑했던 사이로 모르는 남이 아니라고 말하는 시인은 비록 지금은 서로 헤어졌지만, 죄를 지은 원수도 아니고 전쟁 통에 헤어진 이산가족을 찾는 심정으로 그리워한다는 시인의 심정을 수사적 묘사 비유를 들어 잘 그리고 있다.

(2). 엉겅퀴는 들판 숲 가장자리나 양지바른 풀밭, 깨끗한 산간, 농촌지역에 주로 자란다.

진자주색 또는 적색 솜 방울꽃으로 한 송이 꽃 안에 수백 개의 통 모양의 작은 꽃이 들어 있다. 잎 가장자리에 크고 작은 가시가 달려있고 솜털로 뒤덮여 있다. 열매에 털이 달려 다 자라면 바람에 날려 주위로 퍼져 번식한다.

여름철에 긴 가지 끝에 한 송이씩 위를 향해 핀다. 여러해살이 풀이다. 영어로 ussurt thistle이다. 어린잎은 나물로 식용하며, 곤드레나물도 엉겅퀴의 한 종류라고 한다.

전부 자란 엉겅퀴는 말려서 한방 약재로도 사용한다. 비슷한 식물로 큰 엉겅퀴, 지느러미엉겅퀴, 고려엉겅퀴 등이 있다.

흐트러진 머리카락 엉겨 붙은 모습 하고
정신없이 바삐 바삐 길을 걸어 가다가
시원한 산바람에 날려갈 줄 알았는데
몇 걸음 못해보고 주저앉게 되었더라

삼지창 모양에 바늘 선 보라꽃은
마냥 이쁜 척 기세도 높더니만
말년의 꽃씨는 너무 초라해 보이는 구나

민들레 씨방처럼 화사한 모습으로
질서 정연한 비상을 꿈꾸다가
어디로든 훌연히 떠날 자유를 줄 수 있는
말년엔 민들레 모습처럼 살고 싶어라

- 「엉겅퀴」 전문

   머리 풀어 날리는 엉겅퀴를 보고서 바람에 날아가리라 염려스러워 근심 어린 눈초리로 바라보았다. 삼지창 모양의 바늘에선 보라색 꽃봉오리는 한때 예뻐 보였지만 세월이 흘러 말년에 메마른 꽃씨는 너무 초라하게 보인다는 시인은 그래도 불어오는 바람에 자유로이 날아가 넓은 세상으로 퍼져서 새로운 삶의 영역을 개척해 피어나는 꽃씨처럼 자유로운 인생을 살고 싶다는 시인의 심정을 시적 묘사 직유를 들어 에둘러 표현하고 있다.

(3). 나그네란 정처 없이 떠돌아다니는 사람을 말한다.

   자기 고향을 등져 다른 곳에 잠시 머물거나 여기저기 신세 지며 떠돌아다니는 사람을 총칭해 말한다. 다른 뜻으로 덧없이 세상을 배회하는 사람을 일컬었는 말이기도 하다.

   우리의 경우 도포 자락에 삿갓 쓰고, 괴나리봇짐이나 등짐 지고, 지팡이에 짚신 신고 동전 몇 푼 주머니에 넣고서 전국 방방곡곡 떠돌아다니는 이미지의 상징, 김삿갓을 연상케 한다.

      내 마음을 알리던 날
      언덕에 있는 낯선 집에 앉아
      커피 향에 놀란 달빛이 되어
      목마른 물보라처럼
      바다와 함께 취해 있었다.

      당신을 향해 치렀던 시험은
      답을 못 써내려 간 안타까움 속에서
      바위 같은 실연의 무게로
      모래밭에 쓰러지는 나그네가 되었다.

> 그 후 오래된 자습서와의 전쟁
> 몇 번씩 망설이며 했던 컨닝
> 그런 이유로 닭발처럼 쓰여진 글을
> 그래도 턱걸이 점수를 주는
> 당신을 생각하노라면
> 오늘, 고맙다는 말이 저절로...

-「나그네」전문

 마음을 바로 잡지 못하고 방황하던 어느 날 언덕 낯선 집에 앉아서 달빛이 찬란히 내리 비추는 시기에 목말라 커피를 마시며 출렁이는 바다와 주위 분위기에 흠뻑 취해 있었다.
 당신을 향해 보냈던 사랑의 편지는 구구절절이 속 시원히 정답을 못 써 내려간 안타까움 속에서 바위 같은 실연의 무게로 모래밭에 쓰러지는 나그네가 되었다. 라고 하는 시인은 그리워하면서도 그리운 당신을 생각하면서도 속 시원하게 만나지 못하는 심정의 실 머리를 풀지 못하고 방황하며 떠도는 처량한 신세가 되었으나 드디어 성사되어 만나게 되었다는 심정을 토로하며 시적 묘사로 이미지화해 그리고 있다.
 문제 해결을 위한 해답을 찾기 위해서 몇 번이고 궁리하며, 눈여겨보면서 풀어 나가 겨우 그대를 만나는 기회를 가졌다는 시인은 성취감에 감사하다는 심정을 수사적 묘사를 들어 에둘러 표현하고 있다.

(4). 창문을 통해서 세상을 바라보는 풍경은 아름답다.

실체가 없는 것이 있는 것처럼 보이거나 실지 다른 물체로 드러나 보이는 모습을 우리는 허상이라고 한다.

현실의 두려움과 공포에서 벗어나려는 심리상태인 경우 허상의 세계에서도 현실과 비현실 사이에 비추는 물체는 실제로 있는 물체처럼 눈앞에 어른거리지만, 실상은 조금 다르게 비춰준다. 그래서 유리창에 채워진 얇은 물질의 층이 허상의 그림자로 드리울 때도 있다.

유리창을 통해서 비치는 물체는 현대인이 쫓는 공상과 허상 사이 방황하는 그림자를 말한다.

    고백 다 못하여 뒤돌아서던 날
    바람에 눈발은 흐느끼며 흐르고
    무거운 기억 되어 어깨 넘어 멀어진 이름이여
    수 없이 만나고 헤어졌던 인연들 중에
    유독 널 잊기 어려움도 있었구나

    십여 년이 지나 초가을 오늘
    그 해 겨울은 이미 잊혀진 기억됐는데
    우연한 소식되어 가까이 온 여인아!

    그동안 난, 한정된 공간에서
    창밖에 비춰지는 너의 얼굴 바라보며
    더욱 소중해 옷을 입히고 머리를 빗질해 주며
    마음 깊은 곳에서 만, 널 간직하며 지내었다

> 내가 그리워하는 사람들 속에서
> 그리다 슬퍼진 기억으로 영원히
> 그 해 겨울처럼 숨가빼 돌아선 이름이여
>
> - 「유리창과 허상」 전문

 사랑하는 사이 진정으로 사랑하고 있다는 사연을 고백 못 하고 바람결에 눈발 흐느끼며 보낸 무거운 기억되어 어깨너머 멀어진 이름이여하고 수없이 만나고 헤어졌던 인연들 중에서 유독 널 잊기 어려움도 있었다고 시인은 가슴에 묻어둔 사유를 시적 묘사로 그리고 있다.
 십여 년이 지나 초가을 오늘 그 해 겨울은 이미 잊혀진 기억이 되었는데 우연히 소식을 접하고서 마음속으로 가까워진 여인아! 하며 부르는 애절한 심정을 적나라하게 표현하고 있다.
 그동안 나는 한정된 공간에서 창밖에 비춰지는 너의 얼굴을 바라보며 더욱 소중해 옷을 입히고 머리를 빗질해 주며 마음 깊은 곳에서 그대를 만날 날을 기약하며 가슴속에 지니고 지냈다는 상상 속의 사연을 이미 지화해 전하고 있다.
 내가 그리워하는 사람들 속에서 그리다 슬퍼진 기억으로 영원히 그 해 겨울처럼 숨 가빠 돌아선 이름이여하며 유리창을 통해서 들여다본 허상이 그리워 부르짖는 시인의 애절한 심정을 수사적 묘사로 은유를 들어 에둘러 말하고 있다.

(5). 쿠데타를 일으킬 정통 후계자는 누구인가

　세상에는 정통성을 유지하고자 모든 도덕, 관습, 법률 등으로 정해 이를 따르도록 하고 독려하고 있다. 특히 특정 정치체제, 정치권력 승계 유지를 위한 정당한 절차로 인정 또는 허용하는 논리적, 심리적 근거를 말한다. 다시 말해서 국가나 한 사회에서 권력의 기반이 되는 개념이다.

　국가에서 정통성은 국가관리의 기반이 되는 주요한 무형적 자산이므로 전제 군주제를 채택하고 있는 국가체제에서는 후계자 선정이 주요한 국가적 과제이기 때문이다. 가계의 자산을 자손에게 넘겨줄 때도 법률에 정하는 바에 따라서 이행한다.

　여기에는 막스 베버의 카리스마적 정통성, 전통을 유지하는 정통성, 합법적 정통성 등 세 유형이 유명하다.

　　　오염이요, 부정이요.
　　　연일 텔레비전을 통해
　　　나의 고요한 방 안까지 덮친 세상 이야기
　　　어제까지 나눈 정치 이야기, 해변 모래밭에 뿌린
　　　나의 양심과 거짓말은 유전병이 되어
　　　지금은 사라진 쏘베트 국가를 건설하고 있다.
　　　독재자의 관을 바라보던 눈이 충혈된 조문객은
　　　또 다른 왕국의 황제가 되어
　　　체제 내 생계 조절을 위해 입 벌린
　　　일반 국민 대중에게 비교육적 충성을 요구하고
　　　손가락 발가락 춤으로 세상을 산다.
　　　그러나 나는

아무쪼록 탈 없이 자라 주는
이 땅의 민주주의 후계자가 되어
굳건한 회전의자의 독재자를 참수시켜
지금은 평화와 경쟁력 갖춘 이 땅에
오염과 부정의 잔재를 척결하고
꾸며낸 세상이 아닌 완전한 세상을 위해
오늘은
민주주의 후계자임을 자각해
무서운 쿠데타를 일으켜야 한다.

- 「쿠데타를 일으킬 정통 후계자」 전문

　세상에는 권력을 잡기 위해 온갖 수단과 방법을 가리지 않고 오르지 자기의 입신출세를 위해 분투 노력해 결실을 얻으려 총력을 경주하는 자가 수없이 많다
　또 권력에 붙어서 입신출세로 부귀영화를 누리려 하는 무리가 온 세상에 덮쳐있다
　어떻게 하면 상대방 적수를 누르고 자기가 발돋움해서 세상에 부각되어 권력을 잡으려고 심혈을 기울인다.
　매스컴에는 이런 자들이 등장해 세상을 오염시키고 부정을 자행하고 있다는 시인은 텔레비전을 통해서 세상 돌아가는 이전투구 장면을 안방에서 뉴스를 통해 보면서 스스로 나는 저렇게 매몰 오염되지 말아야 하는 마음속의 굳은 결심을 시적 묘사를 들어 표현하고 있다.
　그래서 오염과 부정의 잔재를 척결하고 가상으로 꾸며진 세상이 아닌

순수하고 안전한 세상을 위해 오늘도 민주주의 후계자, 신봉자로서 책임을 자각하고 저질 정치의 본상을 전부 씻어내어 오르지 순수한 정치, 사회를 만들자 하는 시인의 외침에 찬사를 보낸다.

(6). 부메랑이란 원시시대에 사용한 나무로 꾸부려서 만들어진 도구이다.
 전시에 주로 투척 무기로 사용되었고, 던진 부메랑은 다시 원위치로 돌아오는 원리의 투척무기이다. 부메랑은 주로 오스트레일리아에서 발견한 도구를 가리키지만 고대 이집트, 유럽에서 비슷한 형태의 부메랑을 사용한 흔적이 발견되었다.
 인간사에서 본인의 잘, 잘못에 대한 인과응보로 공과에 대한 결과가 자기 자신에게 다시 돌아온다는 인식을 갖게 한 것이 부메랑의 원조이다.

  내 문학의 슬픈 계절이
  있고야 말았습니다.

  계절의 색은 푸르지 못하고
  붉은 빗물이 되어
  중턱까지 내려 왔다는
  소문을 던진 채 떨어집니다.

  계절의 문학은
  술에 취한

거룩한 당신의 잎이 되어
바스락 거리곤
으스러집니다.

기억(ㄱ)자가 다 못된 한과
니은(ㄴ)자로 혼돈당하는 슬픔으로
나의 온몸은
시퍼런 칼날이 된 채
바람처럼 차갑기만 합니다.

나의 작은 칼날은
당신의 잎을 향하고
중추신경을 통해 나와서
꺾어진 당신의 모습을 보는
슬픈 계절의 변주곡 같은
작은 떨림일 뿐
아무 말 없이
돌아오고 있는 듯합니다.

-「슬픈 부메랑」 전문

문학은 배움을 통해서 열심히 노력했으나 시인의 기대에 못 미친다는 자화상이다.

노력을 얼마나 하느냐에 따라서 문학 작품의 글이 향상된다는 사실은 문학을 하는 문인 모두는 평소 느끼는 사실이다.

문학을 언제부터 했고, 그동안 경륜이 얼마나 되느냐에 따라서 다르고, 얼마나 열심히 문학을 갈고닦느냐에 따라서 승패가 좌우된다는 사실을 문인 모두는 잘 안다.

　기억(ㄱ)자가 다 못된 한과 니은(ㄴ)자로 혼돈당하는 슬픔으로 나의 온몸은 시퍼런 칼날이 된 채 바람처럼 차갑기만 하다는 시인은 그동안 문학의 길로 들어서 열심히 노력했건만 기대에 못 미친다고 성찰하며 자신의 내면성과에 대하여 뒤돌아보며 고찰의 기회를 갖는다.

　다시 말해서 창작활동은 이만큼 했는데 저만한 성과를 내지 못한 후회의 뉘우침, 노력의 부족에 대한 귀결에 대하여 자업자득이라는 부메랑에 비유해 시적 묘사로 에둘러 표현하고 있다.

(7). 잊힌 계절은 과거의 수많은 추억이 지난 세월을 일깨운다.

　지금도 기억하고 있는 시월의 마지막 밤을 잊지 못한다는 가사의 구절이 생각난다. 과거로 돌아갈 수 없는 그때 그 시절 그 세월…

　　　　물에 봄을 타서 다시 마시기 시작한 사월은
　　　　신발창을 열불 나게 달게 하고
　　　　짙익은 눈곱과 함께
　　　　춘곤증을 몰고 와서
　　　　결국 나를 합병증에 시달리게 한다.

　　　　벚꽃의 화사함에 비해

먼저 시든 목련을 보면
어깨너머로 다가오는 여인이 있다.

기억처럼 하고픈 말이 수염 되어
돋아나 있고
눈을 감으면 오히려 하얗게 기억나는 미련은
편지에 담지 못한 비련이 되고
깊은 산 잔인한 해빙기를 맞이한다.

꽃바람에 흩어지는 이름을 잊기 위해
시든 목련은 떨어져야 하고
아픈 침묵이 흐르겠지만
여러 날 쓰고 있던 편지지에서
여인의 이름 석자를 지워야겠다.

- 「잊혀진 계절」 전문

　지나간 세월의 그리움과 향수에 젖어 잊지 못하고 애틋한 사연을 가슴 서랍에 담고서 몸부림치게 만드는 그것은 화창하게 다가오는 잊을 수 없는 봄이었다. 고 밝히는 시인은 세상을 밝게 수놓는 벚꽃의 화사함에 비해서 먼저 시든 목련을 보면 어깨너머로 다가오는 옛날 여인처럼 보인다고 노래하고 있다.
　시인은 마치 꽃바람에 흩어지는 이름을 잊기 위해서 시든 목련은 떨어져야 하고 아픈 침묵이 흐르겠지 하면서 되돌아보는 성찰을 한다. 여러 날 쓰고 있던 편지지에서 그리워하는 여인의 이름석자를 가슴에서 지워야겠다고 다짐하고 있다.
  시인은 따뜻한 봄의 사신으로 다가온 목련꽃이 세월에 밀려 시들어가는 서운한 모습을 중의법으로 활용해 에둘러 수사적 묘사로 그리고 있다.

(8). 한라산은 제주도를 대표하는 산이다.
  해발 1,947m이고, 국립공원으로 유네스코 세계유산으로 등록되어 있다. 한라산은 높은 산이지만 멀리서 보면 비교적 완만한 경사로 넓게 주위에 퍼져 있다. 한라산은 백두산 천지처럼 분화구 중심에 白鹿潭이라는 연못이 있다. 바다에서 솟구쳐 제주도를 형성한 해상 활화산이다. 한라산은 금강산, 지리산과 더불어 한국의 유명한 산으로 불리고 있다.

  아주 작은 무인도 하나
  흰색 꽃줄기 찬란한
  소금끼 풍기는 진한 향수의
  문주란 군락 토끼섬은 어머니고향

  물허벅, 물질 구덕에 등허리 녹아
  고생의 세월만큼 주름지신 얼굴이
  파도에 익숙한 해녀 숨비소리되어
  귀향행 항공기 텅 빈 속을 채웁니다

  언제나 있는 산, 한라산은
  계절마다 다른 혼이 되어

사랑을 싹 틔우고 편지를 날리는
마음속 포근한 동화입니다.

애간장 타던 백록담도
수 천년을 눈물로 견뎌왔고
생명의 근원으로 내 숨통에 다가와
오늘도 이 섬에 홀로서 있습니다

눈물 나게 그리운 조그만 얼굴로...

- 「한라산」 전문

    예로부터 제주도는 활화산으로 형성한 섬으로 성산 일출봉, 거문 오름, 백록담 등 자연환경은 빼어난 절경으로 다가온다. 제주도는 바다와 산, 문화와 휴양의 조건을 두루 갖춘 환상적인 휴양지이다.
    제주도의 다른 말로 三多는 여자, 바람, 돌이다. 옛날 어업을 주로 하며 살던 시절 수시 태풍으로 바다에 휩 슬려 간 남자들, 자구책으로 바다에 나선 해녀들, 널려 있는 검회색 화강암, 돌, 사시사철 나무와 아열대 수풀, 수종의 화사한 꽃은 우리의 가슴을 시원하게 확 트여 주고 즐겁고 행복하게 한다.
    물허벅, 물질 구덕에 등허리 녹아 고생하던 세월만큼이나 주름진 얼굴이 파도에 익숙한 해녀의 숨비소리가 되어 귀향행 항공기 텅 빈 속을 채웁니다. 라고 시인은 제주도 풍속의 진솔한 면을 잘 그려 이미지화해서 표현하고 있다.

언제나 마음속에 있는 산, 한라산은 계절마다 다른 혼이 되어 사랑을 싹 틔우고 편지를 날리는 마음속의 포근한 동화입니다. 라고 동화 속의 아름다운 제주의 풍광을 그림처럼 비유해 표현하고 있다. 애간장 타던 백록담도 수천 년을 눈물로 견뎌왔고 생명의 근원으로 내 숨통에 다가와 오늘도 이 섬에 홀로서 있습니다. 라고 하는 시인은 눈물 나게 그리운 조그만 얼굴로. 라고 의인법을 활용한 수사적 묘사로 현실을 노래하며 리얼하게 그리고 있다.

(9). 귀여운 여자는 얼굴이 잘 생긴 여자보다는 마음씨가 고와 호감이 가는 여자를 통상 말한다.

> 이쁘다는 말 보다 귀엽다는 말을
> 좋아하는 착한 여자가 있다.
> 코는 작지만 이마는 정말 이쁘고
> 불의에 타협하지 않고 배려심은 있지만
> 아빠의 외모를 너무 닮아서
> 미안해지는 내 딸 둘째가 나는 좋다.
> 그래서 내딸 둘째는 이쁘기보다
> 귀엽다는 말을 너무 어울리는 게 맞다.
>
> - 「귀여운 여자」 전문

여기서 시인이 말하는 귀여운 여자란 이쁘다는 말보다 귀엽다는 말로 좋아하는 착한 여자를 말한다.

  코는 작지만 이마는 정말 이쁘고 불의에 타협하지 않는 배려심에 아빠의 외모를 너무 닮아서 미안해지는 내 딸 둘째가 나는 좋다고 진솔하게 말하고 있다.

  그래서 내 딸 둘째는 이쁘기보다는 귀엽다는 말이 너무 잘 어울린다는 시인은 둘째 딸이 자기 마음에 쏙 든다고 수사적 묘사를 들어 표현하고 있다.

  부모는 누구나 자기 자식을 예쁘고 귀엽고 사랑스럽다고 한다. 고슴도치의 자식 사랑은 유별나다. 고슴도치도 자기 새끼가 예뻐 귀여워하지 않는가?

(10). 가을 오곡이 무려 익어가는 누런 들판에 수놓은 메뚜기, 누런 황금 들판에서 뛰는 메뚜기는 우리 생활에 깊숙이 들어와 있는 곤충이다.

    무척 곤충을 좋아하는 아들
    메뚜기를 잡아달라고 보챈다.
    풀밭을 헤집고 있노라면
    가늘고 긴 다리 비상을 꿈꾸고
    게으른 듯 멀리 도망도 못 가고
    풀 속에 날개를 숨겨놓는다.
    재수 없이 잡혀서 생수통에 갇히고는
    큰 눈 둥그레 어리둥절 한 모양이다.
    메뚜기를 잘 키워달라고는 하나
    아들 몰래 풀어준 메뚜기야

높이 멀리 날아가 더 큰 세상에 살거라

- 「메뚜기」 전문

메뚜기는 가을에 볏 잎을 갉아 먹는 해충으로 몸길이가 3cm 정도이고 목과 머리, 가슴이 누런 갈색이다. 앞가슴 양쪽에 갈색 세로줄이 있는 메뚜깃과의 곤충을 말한다.

가을 들판에 자란 느런 볏 잎을 갉아 먹는 해충으로 뒷다리가 발달해 멀리 튀어 달아난다.

풀밭을 헤집고 있노라면 가늘고 긴 다리로 뛰는 메뚜기는 게으른 듯 멀리 도망도 못 가고 풀 속에 날개를 숨겨놓는다. 라고 말하는 시인은 비유를 들어서 그 상황을 그리고 있다.

이리저리 뛰며 도망가는 메뚜기를 그물채로 잡아서 생수통에 넣고 다니는 시골 풍경이 선하게 이미지화해 다가온다. 아들은 잡은 메뚜기를 보고서 좋아하며 잘 키우려고 하는 심정을 여실히 비춰주고 있다.

메뚜기를 잘 키워달라고 부탁하는 아들 몰래 메뚜기를 풀어주며 드높이 날아가 큰 세상에 살거라 하고 놓아주는 아버지의 선량한 마음이 수사적 묘사로 그림처럼 가슴에 와닿는다.

(11). 채완 부태식 시인의 시 세계

시 창작은 시인의 마음을 화판에 그린 것과 같아서 시인이 살고 있는 수려한 제주도 중심의 자연풍광을 이미지 상징화하고 있다. 또한 일상생활의 삶에 대한 체험을 통해서 일어나는 서정성 시상이 돋보여 화려한 글보다는 진솔한 내용이 저변에 흐르고 있어 무척 잔잔한 감동을 주고 있다.

앞으로 문운이 들어 더욱 좋은 작품이 나와 대성하기를 기대해 본다.

10

시대를 이끌어 가는 동인지
시 세계를 펼치다

금아 박태현 시집 『이제 우리가 빛날 차례이다』

10

시대를 이끌어 가는 동인지
시 세계를 펼치다

금아 박태현 시집 『이제 우리가 빛날 차례이다』

가. 시를 좋아하는 문학인 10명이 자신이 좋아하는 시를 모아서 시와 문학을 나누는 모임으로 성장해서 드디어 시화집 『이제 우리가 빛날 차례이다』라는 시집을 내어놓았다.

   그중에 금아 박태현의 시를 선정해서 시평 하기로 한다.

나. 시를 향해 걸어가는 『시를 읽는 마을』 주민은 아름답다.

   시는 누구나 쓸 수 있지만, 누구나 좋은 시를 쓸 수는 없다. 좋은 시는 잘된 시이고. 잘된 시는 누군가의 마음에 스며들어 울림을 주는 시이고, 울림을 주는 시는 쉽게 독자에게 다가갈 수 있는 시이다. 이제 우리의 감성이 시가 되고, 삶이 시가 되는 길을 걸어갔으면 좋겠다.

   삶이 시가 되고, 시가 삶이었던 시인들의 뒷모습은 얼마나 아름다운가. 이제, 우리의 숙제는 시를 누군가의 가슴에 스며들게 하는 일이다. 이제까지 시가 자신의 울타리 안에서 맴돌았다면 울타리를 걷어 버리고, 세상 밖으로 우리의 시를 놓아주는 일이다. 시가 저 혼자 울림을 줄 수 있을 때까지 시를 향해 걸어가는 일이다.

『시를 읽는 마을』 주민 일동 글 중

다. 금아 박태현 시인의 시 세계

   시인은 동인지『이제 우리가 빛날 차례이다』에 수록한 자신의 시 창작의 대상에 무엇을 담았는지 그의 시 세계에 들어가 「相思化」, 「때질레(海棠花)」, 「꽃등백길」, 「邂」, 「계절목」, 「思戀」, 「먼 훗날」, 「굳은살」, 「시한1 불명」을 시평 하고자 한다.

(1). 相思化란 자연에서 자라는 식물의 순환과정을 相思化라 말한다.

어스름 저녁
고즈넉한 선사에
찬이슬 내리고
깊어가는 가을의 한기는
섶 깃을 파고드는데
수줍은 그대는 정녕
무얼 그리 못잊어
붉게 물든 그 꽃잎 접지 못하고
어둠 속에서 사모의 한에
꽃시울 적셔가며
애닲은 손짓을 하려 하는가
상사화여
상사화여
핏빛보다 진한
연모의 애처로움이
향기 되어 흩날리니
이 어둠마져도
차마
그대를 덮지 못 하누나

- 「相思化」 전문

꽃이 피었다 지면 다시 잎이 피어나고 잎이 시든 후에 꽃이 피어서 잎과 꽃이 서로 만나지 못한다고 하여 相思化라는 가상의 이름을 붙이고 있다.

 어둠이 깊어지는 산사에 가을의 찬 이슬이 내려 한기를 느끼면서도 무얼 그리 못 잊고 붉게 물들여 꽃수를 적셔가며 애달픈 표정을 짓나하고 시인은 꽃망울의 의연한 자태를 바라보면서 서정적으로 깊은 감동을 그리고 있다.

 상사화여 상사화여 핏빛보다 진한 연모의 애처로움이 향기 되어 흩날리니 이 어둠마저도 차마 그대를 덮지 못한다고 강조하며 수사적 묘사 비유를 들어서 깊은 심정을 노래하고 있다.

(2). 때찔레는 海棠花의 다른 이름이다.

 때찔레는 해당화라 부르는 장미과에 속하는 낙엽 활엽 관목으로 크기는 1m 내외고 가시, 융털이 많다. 5, 7월에 붉은 꽃망울이 2~3개가 피고 8월에 열매를 맺는다. 향기가 짙어 향수 원료, 열매는 약용으로, 뿌리는 염료로 사용하고 있다.

　　　놀 빛에 붉게 물든
　　　볼을 감추려
　　　수줍게 늘어트린 때찔레

　　　가녀리게 떨고 있는
　　　선홍 열매는
　　　섬소녀의 짝사모가

피빛 그리움으로 엉글어 맺힌
해풍에 밀려오는 애절함인가

보석처럼 빛나는 사곶해변에서
외롭게 구르며 울어대는
몽돌 해안의 조약돌 마디에
새겨 논 사연들이
행여 님에게 전해지려나

파도 소리는 텅 빈 가슴 후비는데
원망으로 즈믄 가슴은
가시돋힌 가지마다 붉은 꽃으로
멍울져 아롱진다.

- 「때질레(海棠花)」 전문

붉게 피어오르는 해당화를 보고서 섬 소녀의 수줍고 가련한 모습은 홀로 그리워 붉게 타오르는 애절함을 연상케 한다는 시인은 보석처럼 빛나는 사곶해변에서 외롭게 구르며 울어대는 몽돌 해안의 조약돌 마디에 새겨 논 사연들이 행여 임에게 전해지려나 하고 시적 묘사 활유법으로 의인화해서 되물으며 의문을 제기하고 있다. 파도 소리는 텅 빈 가슴 후비는데 원망으로 즈믄 가슴은 가시 돋친 가지마다 붉은 꽃으로 멍울져 아롱진다고 그리움을 수사적 묘사를 들어 에둘러 노래하고 있다.

(3). 동백꽃은 상록 활엽소 교목으로 남부지방, 제주도에서 주로 자생한다. 추운 겨울 12월에서 이듬해 4월까지 피고 결실은 가을에 맺는다. 자연에서 자라는 동백나무의 붉은 꽃이며 차나무과 동백나무에 속하는 여러 종류의 꽃을 총칭해서 말한다.

삶이 걸어가는
어귀에 서서
해찰한 것도 아닌데
길섶 꽃동백에 취해서
그리움에 사무쳐서
곧장 가야 할 길
가지 못한 채
서성이며 방황한다
머뭇거린다

바람도 구름도 햇살 마저도
숨죽이듯 멈춰버린 시방에
고독으로 단풍 물든
삶의 길 어귀에 서서
선홍빛 꽃동백에 취해
비틀거린다

- 「꽃동백길」 전문

엄동설한에 자생하는 동백꽃은 추운 겨울의 설화로서 만인을 사로잡는 묘한 향수를 풍긴다.
　길섶에 무성하게 자란 동백꽃이 너무 화사하고 아름다워 머뭇거리며 들려다 보고 서성이는 모습이 그림처럼 잘 표현하고 있다.
　더욱 바람도 구름도 햇살마저도 숨죽이듯 멈춰버린 시방에 고독으로 단풍 물든 삶의 길 어귀에 서서 선홍빛 꽃에 취해서 어찌할 줄 몰라 비틀거린다. 라고 하는 시인은 동백꽃에 심취해 머뭇거리는 모습을 적나라하게 비유를 들어서 서정적으로 잘 묘사하고 있다.

(4). 邂란 우연히 만나 기뻐한다는 뜻을 말한다.

　　밤새 깊은 사연 안고
　　오롯이 맺힌 이슬이
　　황금빛 조양에
　　무심한 실바람에
　　님의 마음처럼
　　흔적도 없이 날아갈까 봐
　　애타는 조바심에
　　손깍지로 가려봅니다

　　멀어져 간 세월에
　　희미해져 버린 님에게
　　가을비에 젖어 뒹구는 낙엽같이
　　비련에 부서져 버린

내 마음이 서러워
이제는 영영 오지 않을 님이건만
차마 기억마저 지워버릴 순 없어
미망의 눈물 맺은
그 이슬 고이 간직하고파
애타는 조바심에
손깍지로 가려봅니다

- 「邂」 전문

  밤새 깊은 사연 안고서 오롯이 맺힌 이슬이 황금빛 조양에 무심한 실바람에 실려서 님의 마음처럼 흔적도 없이 떠나갈까 봐 애타는 조바심에 손깍지를 끼고서 염원해 본다고 하는 시인의 심정을 시적 묘사를 들어 적나라하게 표현하고 있다. 지나간 세월에 기억마저 희미해진 지금 임은 가을비에 젖어 뒹구는 낙엽처럼 비련에 부서져 버린 내 마음이 서러워 이제는 영영 돌아오지 않을 임이 건만 차마 기억마저 지워버릴 수 없는 미련에 눈물로 맺은 그 이슬을 고이 간직하고 싶어 애타는 조바심에 다시 손깍지로 가려봅니다, 라고 하는 시인은 멀리 떠나간 임을 그리워하며 되새겨 본다는 심정을 수사적 묘사 직유를 들어서 표현해 잔잔한 감동을 주고 있다.

(5). 산자락에 녹색의 잎사귀가 울창하게 자라 하늘을 가리는 수목은 자연의 신비함을 느끼게 한다.

먼 산자락 그림자
길게 드리우고
골허리 감고 돌아온
강물 따라
긴 꼬리 늘어트린 채
짙어 가는 물빛 하늘

연모에 봉인된 그리움이
허공을 휘저어도
하마 닿을 수 없는
차마 잡을 수 없는
마지막 꽃잎 같은
계절의 깃자락이여

- 「계절목」 전문

먼 산자락 바위틈새에 자란 계절 목이 그림자를 길게 드리우고 굽이쳐 흐르는 강물을 따라 긴 꼬리 늘어트린 채 파란 하늘이 아름다운 풍경을 그리고 있어 시적 묘사 활유법을 인용해 시인은 마음을 표현하고 있다.

연모에 봉인된 그리움이 허공을 휘저어도 닿을 수도 없고 차마 잡을 수도 없는 마지막 꽃잎처럼 계절이 지나가는 마지막 끝에 선 채로 보인다는 그리움을 시적 묘사 비유를 들어서 노래하고 있다.

(6). 思戀은 생각하며 그리워한다는 라는 뜻이 내포해 있다.

      그대와 못다한 약속
      남아 있어서
      그대에게 못다한 말
      쌓여 있어서
      놓지 않으려
      차마 보내지 않으려
      길게 뻗어 보아도
      속절없이 기약없이 그대는 가고
      텅 빈 가슴으로
      섧게 울었습니다

      눈길 밟고 오신 님
      배롱화가 채 지기도 전에
      떠나가신 님
      이제 막 꽃무릇 꽃술여문
      구월의 길섶에서
      가을은 피려하는데
      텅 빈 가슴으로
      두 번 울었습니다

                  - 「思戀」 전문

가슴에 깊이 새겨진 사연을 안고서 애타게 그리워한다는 뜻을 표현하고 있다.

그대와 못다 한 약속이 남아 있어서 그대에게 못다 한 말이 쌓여 있어서 놓지 않으려고 차마 보내지 않으려고 길게 뻗어 보아도 속절없이 기약 없이 그대는 가고 텅 빈 가슴으로 섧 게 울었다고 하는 시인은 가슴에 깊게 간직하고 있는 연민의 정을 두 번씩이나 강조해 애타게 그리워하는 모습을 시적 묘사를 들어서 진하게 표현하고 있다.

가을 하늘에 뭉게구름이 피어오르듯 정원 뜰 안에 고즈넉한 자리에 군데군데 배롱나무에 붉게 물들이며 피어나 주위를 화사한 분위기를 연출한다고 비유를 들어서 표현하고 있다.

눈길 밟고 오신 임 배롱화가 채 지기도 전에 떠나가신 임이 이제 막 꽃무릇 꽃술 여문 구월의 길 섶에서 피려 하는데 텅 빈 가슴으로 두 번 울었습니다. 라고 시인은 그 뜻을 이루지 못하고 떠나보낸 이별의 아쉬움이 가슴에 다가와 슬퍼했다고 시적 묘사를 들어 노래하고 있어 잔잔한 감동을 주고 있다.

(7). 먼 훗날에 너를 다시 만나면 눈물을 흘리며 사랑했다고 말할 거야, 외로움 속에서 그리움을 때로는 아쉬움을 말할 거야……

  떠나려는가
  이대로 영영
  그대 떠나가는가

돌아서면 저며 오는 내 가슴엔
휑한 바람 몰아치는데

어둑해진 하늘에 떠 있는 낮달처럼
환히 웃던 그대
소리 없이 솟아나는 그리움이
붓꽃처럼 흔들릴 때

알알이 맺힌 심정
꽃잎에 적어 보내리니
먼 훗날
그 꽃잎 다시 필 때
행여 날인 줄 알아주오

- 「먼 훗날」 전문

먼 훗날을 대표하는 김소월의 시 구절이 생각난다. '잊었노라 어제도 아니 잊고 먼 훗날 당신이 찾으시면 그때에 잊었노라 말 하리'라가 생각난다.

사람은 현실에 살기 때문에 먼 훗날의 약속은 그때 가봐야 안다. 그대 떠나려 하는가, 이대로 영영 떠나려 하는가 돌아서면서 저며 오는 내 가슴에 휑한 바람 몰아치는데, 하고 쓸쓸하고 외로운 모습의 사유를 들어 강조하며 수사적 묘사로 표현하고 있다.

어둑해진 하늘에 떠 있는 낮달처럼 환히 웃던 그대, 소리 없이 솟아나는 그리움이 붓꽃처럼 흔들릴 때라고 하는 감성은 그리움에 대한 상상의 나래를 펴서 잘 묘사하고 있다.

  알알이 맺힌 심정, 꽃잎에 적어 보내리니, 먼 훗날에 그 꽃잎이 다시 필 때까지 행여 나인 줄 알아주시오, 라고 하면서 재차 강조 확인하며 미리 인지하도록 시적으로 그리움을 묘사하고 있다. 그대를 그리워 사모하면 먼 훗날 꽃이 필 때 사연을 적어 엽서를 보내면 나인 줄 아시오 하고 사전에 수사적 묘사 메타포로 에둘러서 기별을 알려 주고 있다.

(8). 피부 어느 부위나 굳은살이 생기면 통증을 유발할 수 있다.
  굳은살은 계절마다 다르게 발생하지만, 겨울철에 발바닥이 건조해지고, 계속된 자극, 마찰, 압력이 주어질 때 피부에 손상이 와서 굳은살, 표피에 각질이 생겨 괴롭힌다.

    노지의 과일이 익어가면서
    내리쬐는 햇살에도 상처가 나고
    해변의 단단한 바위도
    파도와 비바람에 깎여 나가는데
    하물며 나약하기 그지없는
    인간들은 어떠하랴

    세상을 살면서 흠결 없는
    완벽한 삶이란 어디 있을까
    지적하는 손가락은 하나이지만

구부리고 있는 나머지 손가락은
나를 향하고 있다는 것을
늘 생각하며 살자

절규하는 지금의 상처는
아픈 속 살의 통점을 찌르지만
세월 지나 아문 상흔은
굳은살이 되어
성숙한 내면을 지켜 주리라
내가 흘리는 이 눈물이 마르고 나면
까만 어둠의 별이 되어
예쁜 소금꽃으로 피어나리다

- 「굳은 살」 전문

  노지의 과일이 익어가면서 내리쬐는 햇살에도 상처가 나고 해변의 단단한 바위도 파도와 비바람에 깎여 나가는데 하물며 나약하기 그지없는 인간은 어떠하랴 하고 시인은 자연의 풍상에 비유해 인간이기에 더욱 그렇다고 사유를 들어 그리고 있다.
  세상을 살면서 흠결 없는 완벽한 삶이 어디 있을까 하고 지적한다.
  손가락은 하나이지만 구부리고 있는 나머지 손가락은 나를 향하고 있다는 것을 늘 생각하며 살자, 라고 강조하며 세상에 문제없는 것이 어디 있으랴, 더욱 인간은 흠결이 많아 인생살이에 어려움이 따른다고 시인은 진솔하게 표현하고 있다.

절규하는 지금의 상처는 아픈 속살의 통점을 찌르지만 세월이 지나 아문 상흔은 굳은살이 되어 세월이 지나며 쓰라린 추억도 무뎌지고, 성숙한 내면을 지켜 주리라 하고 노래한다.
 내가 흘리는 이 눈물이 마르고 나면 까만 어둠의 별이 되어 예쁜 소금 꽃으로 피어나리다. 하면서 인생을 살면서 쓰라린 경험과 가슴 아픈 추억이 망각의 세계에서 배회한다고 시인은 수사적 묘사로 비유를 들어서 표현하고 있다.

(9). 시한은 겨울을 일컫는 호남의 방언이다.

    살을 에는 칼바람이
    귓볼 스치는 휘파람 소리에 놀라
    피하듯 고개 숙이면
    에덴동산의 생명 나무 지키는
    천사의 무기 화염검이 불춤을 춘다.

    등허리 바랑에 담아 둔
    시린 삶에 겨운
    지스러기들을 내려놓고
    멍하게 불염을 바라보고 있노라면
    불식간에 육신을 벗어 버리고
    자유로운 젊은 날의 영혼이 되어
    바람 결 사이로 헤쳐 나는 나비처럼
    환상의 날갯짓으로

온 세상을 유혹한다.

- 「시한1 불명」 전문
* 시한은 겨울을 일컫는 호남의 방언.

　한겨울에 소나무는 모진 설한풍에 흔들림 없이 제자리에 꼿꼿하게 서서 찬바람을 맞는다. 살을 에는 듯 칼바람이 귓불 스치는 휘파람 소리에 놀라서 피하듯 고개 숙이면 에덴동산의 생명나무 지키는 천사의 무기 화엄검이 불춤을 춘다. 라고 시인은 한겨울 몹시 추운 상황을 수사적 묘사로 진솔하게 표현하고 있다.
　등허리 바랑에 담아 둔 시린 삶에 겨운 지스러기를 내려놓고서 멍하게 불염을 바라보고 있노라면 불식간에 육신을 벗어 버리고 자유로운 젊은 날의 영혼이 되어서 바람결 사이로 헤쳐 나는 나비처럼 환상의 날갯짓으로 온 세상을 유혹한다. 라고 추운 겨울 몸을 녹이는 불 앞에서 따뜻이 영혼을 살려 추위에서 벗어나 활기찬 젊은 날의 모습으로 되돌아가 온 세상이 따스함을 느낀다고 수사적 메타포를 들어서 에둘러 말하고 있다.

(10). 금아 박태현은 동호인이 모여서 시 창작 활동을 열심히 하는 시인이다.
　시적 감각이 탁월하고 예리하고 섬세해 잔잔한 감동을 주는 서정시를 주로 쓰고 있어 독자에게 더 친숙하게 다가가는 느낌을 받았다. 앞으로 문운이 들어 더욱 정진하기를 기대한다.

11

인간사에서 비추는
소탈하고 순수한 시의 세계를 조망하다

강해인 시집 『사랑, 다시 봄』

11

인간사에서 비추는
소탈하고 순수한 시의 세계를 조망하다

강해인 시집 『사랑, 다시 봄』

가. 처음 시집 발간 제안을 받았을 때, 겁 없이 대답하고 나오며 과연 잘 해낼까, 하는 의구심에 스스로 두려움에 휘감겼다며 그때 마음의 진솔한 면을 전하고 있다.

가슴이 여린 강해인 시인은 그토록 소탈하고 순수한 심정을 들어 보이고 있다. 그 이후 한동안 망설이고 있는데 큰아이가 말하기를 "처녀작은 잘 써서 히트 치는 사람도 분명히 있겠지만 히트작을 만들기 위해 시집을 내는 건 아니니까 엄마가 그 시를 썼을 때의 감정을 다시 느껴보고 헤아려보고 미소 지을 수 있으면 되는 것 아냐?"라고 하며 용기를 북돋아 줘서 시를 쓰고 시집을 내게 되었다는 아주 솔직 담백한 순수한 심정을 털어놓는다.

드디어 시집이 나오기까지 어려움은 있었으나 목표 달성의 성취감에 행복을 느낀다고 말하는 시인은 정말 사랑을 타고 따뜻한 봄을 맞이하는 기분이었으리라 생각한다.

나. 사랑이란 무엇인가.

　인생의 삶에 가장 주요한 부분을 차지한다.

　시인의 시 형식에서 시적 대상으로 제일 많이 쓰이는 시어가 사랑이다.

　남녀 간의 사랑을 주제로 노래하는 연가는 만인이 좋아하는 공통 언어이다. 부부, 아이, 가족사랑, 사랑의 넓이는 무한하고 즐겁고 기쁘다.

　사랑은 어떤 사람이나 대상을 그리워하고 귀중히 여기는 마음이며 사랑하는 사람은 늘 함께 있어도 그립다. 인간의 사랑은 가까운 것에서부터 멀리 또는 형이상학적인 명상의 높이에 이를 때 또는 아가페적인 사랑을 더욱 승하의 길로 이어진다.

　동양의 사랑법과 서양의 사랑과는 직접적인 표현 방법에서 차이가 난다.

　서양은 적극적이고 능동적인 반면, 동양은 주로 마음속에 두고서 감추고 살짝 내보이는 은근함에서 은은한 미학이 들어 숨 쉰다.

　자기 스스로를 전면에 내어놓는 이기적인 사랑이 아니라 감추면서 상대를 앞세우는 점에서 서양의 사랑과 차이가 두드러진다. "예"를 들어 김소월의 사랑을 보자, '죽어도 아니 눈물 흘리 오리다.' 라는 표현과는 달리 죽을 만큼 처절하게 슬퍼하는 사유를 감추고 보여주지 않는 절제의 미학을 안에 내포하고 있다. 이 경우는 겉으로 잘 내보이지 않는 동양의 전통 이별을 절제하고 자제하는 동양의 미덕을 잘 보여 주고 있다.

　강해인의 시집 『사랑, 다시 봄』과 시 「그리움」, 「그리움 4」에서 뚜렷이 사랑의 서정성을 시적으로 잘 묘사해 표현하고 있다.

다. 강해인 시인의 시 세계

　청아하고 순수한 사랑, 행복 그리고 희망의 작은 꿈을 실천하려는 소박한 노력의 결과가 이뤄지는 과정이 잔잔한 감동을 주고 있다. 시인은 사랑, 다시 봄을 주제로 사랑하는 마음이 그리움으로 피어나 시에 이미지화해 표출하고 있다. 그녀의 시 세계에 무엇을 담아 그리고 있는지 「조화」, 「내 마음의 작은 쉼터에」, 「수국 꽃길에서」, 「작은 몸짓」, 「그대와」, 「사랑은」, 「나의 계절은 무르익고 있다」, 「세월의 뒤안길」, 「눈의 소리」, 「안개꽃」, 「청명」을 시평 하고자 한다.

(1). 삶의 균형을 유지하는 조화는 일과 휴식을 취하며 새로운 삶의 질을 높이는 하나의 방편이다.

하나의 두레박으로
물을 퍼주는 사람과
물을 떠올리는 사람
서로 맞아야 두레박 가득 물을 줍니다.

넘치면 달아나고
모자라도 투정하지요.

제가 그랬습니다.

너무 넘쳐서 달아나고 달아나고
끝없이 달아나
지금은 흔적도 없이 먼지입니다.

- 「조화」 전문

조화란 자연 현상과 삶의 균형을 이룰 때 쓰이는 말이다.
하나의 두레박으로 물을 퍼주는 사람과 물을 떠올리는 사람이 서로 맞아야 두레박이 균형을 유지하며 물을 가득 담아 올린다는 시인은 삶의 균형과 조화를 시적 묘사로 강조하고 있다.
넘치면 달아나고 모자라도 투정하지요. 라고 말하는 시인은 그러한 삶을 살았다고 솔직담백하고 진술하게 표현하고 있다.

  너무 넘치면 밖으로 흘러 달아나고 달아나고를 끝없이 달아나는 현상을 강조하며 이미지화하고 있다. 흔적도 없는 먼지처럼 없어졌다고 한다. 지금 남은 것은 아무것도 없고 단지 먼지에 비유해서 사유를 들어 노래한다.

  그래서 인생 여정에 모든 일은 정도가 있어야지 과욕 불급이란 말과 같이 지나친 욕심은 정도에 미치지 못한다는 뜻의 부정적인 결과를 초래하므로 중용이 삶에 중요한 요소를 차지한다. 시적 사유를 들어 묘사해 에둘러 표현하고 있다.

(2). 내 몸과 마음이 편안하게 쉴 수 있는 장소가 작은 쉼터이다.

    폭삭 ~ ~
    그래, 폭삭이라는 단어가 무색하게 무너졌다.
    몸도 마음도 모두 다
    놓여질 곳 없어 헤매이고 숨고
    안해 본 것 없이 다 해보았지만
    나를 맞추기엔 내가 욕심이 많았나 보다.

    조금씩 찾아든 일상이 참 반갑고 정겹다.
    주소없이 헤매이던 마음이 제자리에 놓여지고
    번지몰라 찾던 몸은 제 집찾아 누웠다.

    마음의 문을

눈 앞의 행복을
그렇게 찾아 여기 다다랐다.

내 마음이 작은 쉼터에

- 「내 마음의 작은 쉼터에」 전문

　마음이 울적해 편안히 쉬면서 위로받고 싶어서 찾아가는 곳, 그리워서 그리움을 찾아가는 곳, 방황하는 내 마음을 잡아서 제자리로 돌려놓아 마음의 평안과 안정을 가져오는 것은 때로는 쉽지 않다.
　폭삭~~
　그래, 폭삭이라는 단어가 무색하게 무너졌다. 라고 하며 시인은 마음도 모두 다 놓여질 곳이 없어 방황하고 헤매고 숨어서 안 해 본 것 없을 정도로 다 해 보았지만 마음이 편치 않았다는 진솔한 속삭임이 엿보이고 있다. 내 마음의 만족을 채우기에는 너무 욕심이 많았나 보다. 라고 뉘우치는 면을 엿볼 수 있다. 기대하고 바라던 일이 꼬여서 잘 안 풀릴 때 사람은 방황하게 된다는 사실을 은연중에 시적 묘사로 알리고 있다.
　조금씩 찾아드는 일상이 참 반갑고 정겹다. 방황을 잃어 정처 없이 떠도는 마음이 제자리에 잡아가는 것이 제집을 찾아가는 것과 같다는 시인은 마음의 문을 열어 이제는 내 마음이 편안히 쉴 작은 쉼터를 찾아서 행복하다는 안도의 한숨을 내쉬며 시적 묘사 비유로 그리고 있다.

(3). 울창한 숲길은 우리 인간에게 편안한 안식을 준다.

꽃길이라 합니다.
가로수로 놓여진 눈송이를 뭉쳐놓은
한송이 부케가 길을 밝혀줍니다.

서로의 자리에서
부지런히 자랑하여
알콩달콩 빛내주는
암담하기 그지없는

무질서속에 질서를 잡고
여행자의 길을 수놓아 줍니다.

한송이 탐스런 등불처럼
그렇게 수국의 등불은 피어납니다.

— 「수국 꽃길에서」 전문

　주위에 울창한 푸른 숲길을 따라서 맑고 고운 청량한 공기 치톤피트의 향긋한 냄새가 풍기는 수국 꽃길은 수많은 꽃과 나무가 한데 어울린 아름다운 힐링의 공간을 제공한다.
　가로수가 길 따라 들어선 무성한 수풀과 피어오른 여러 꽃송이가 한데 어울려 한 송이 부케처럼 길을 환히 밝혀준다고 하는 시인은 무질서 속에 질서를 잡고 여행자의 길을 수놓아 줍니다. 라고 수국 꽃길을 찬양하며 노래하고 있다.

　한 송이 탐스러운 등불처럼 주위를 밝게 비춰주는 수국의 꽃길을 걸으며 깊은 감상에 젖어 수사적 묘사 비유를 들어서 이미지화해 표현하고 있다.

(4). 몸짓은 다른 사람에게 어떤 태도 자세, 감정상태, 얼굴 표정 등을 전달하는 도구이다.

　말 대신 몸짓으로 의사를 표시하는 경우도 많다. 몸짓은 인간의 수많은 감정을 미세하게 나타내 주는 메시지이다. 언어를 통한 의사전달은 7퍼센트에 불과 하나 나머지 93퍼센트는 몸짓, 자세 등 비언어적인 방법으로 의사 표시로 나타난다. 그래서 그 사람의 자세와 정신상태를 판단하는 데 중요한 역할을 하고 있다.

　어린아이 경우 물건이나 어떤 부탁을 할 때 싫으면 몸을 좌우로 표시해 싫다는 의사 표시를 한다.

　　　마음이 눈빛이 말했습니다.
　　　전해지는 짜릿한 전율
　　　굳이 말하지 않아도
　　　우리는 서로에게 말했습니다.

　　　서로의 체온을 느끼며
　　　잔혹하게 들려오는 몸부림

헤어짐의 아픔을 나는 몸서리치게 느낍니다.

　　간절했습니다.
　　목숨을 다하여 나는 간절히 원했습니다.
　　부여잡은 그의 손을 웅켜잡은 내손이
　　그 간절함을 보여 줍니다.

　　멀어져가는 그의 그림자
　　실루엣으로 느껴지는 그의 체취
　　연모의 정은 멀어져만 갑니다.

　　　　　　　　　-「작은 몸짓」 전문

　마음이 눈빛이 말했습니다. 전해지는 짜릿한 전율을 굳이 말하지 않아도 우리는 서로에게 말했습니다. 라고 시인은 몸짓과 눈빛을 통해서 강렬한 의사전달을 하고 있다고 전한다.
　서로의 체온을 느끼며 잔혹하게 들려오는 몸부림과 헤어짐의 아픔을 몸서리치게 느낍니다. 라고 말하는 시인은 목숨을 다하여 나는 간절히 원했습니다. 부여잡은 그의 손을 움켜잡은 내 손이 그 간절함을 잘 보여 주고 있습니다. 라고 시적 묘사 은유로 표현하고 있다.
　멀어져 가는 그의 그림자 실루엣으로 느껴지는 그의 체취와 연모의 정은 멀어져만 갑니다. 라고 하며 작은 몸짓이나 표정으로 떠나가는 연모를 그리워 못 잊어하는 시인의 강렬한 희망을 노래로 엮어서 그리고 있다.

(5). 그대와 함께하는 인생이라면 여정이 험난해도 행복으로 채워집니다. 어렵고 힘든 가시밭 길이 펼쳐 저도 그대가 손 내밀어주면 거뜬히 헤쳐 나갈 것입니다. 부드럽고 따뜻한 그대의 목소리는 나의 가슴을 뛰게 하는 기쁨입니다. 그대와 함께라면……

신록으로 가득한
저 뜨거운 태양마저도 녹아내리게 만드는
그대의 속삭임에
나의 영혼마저도 녹아내립니다.

아,
아름다운 그대의 목소리
숨소리에 고요히 잠이 듭니다.

꿈속에서조차도 함께하고픈 님이여,
부드러운 님의 손길 나에게서 거두지 마시고
영혼의 소리마저도 나와 함께 하여 주소서.

포근히 감싸주시는 그대의 손길에
그저 감사하게만 감사하게만 생각합니다.

언제쯤이면 나도 그대에게서 자유로워질까요.
그대의 얼굴 변화 하나에도 늘 버둥거리는
나를 헤어나게 하여 주소서
아니 아닙니다.

그대의 품에서 조용히 그대와 살이 되게 하여 주소서.

- 「그대와」 전문

　신록으로 가득한 저 뜨거운 태양마저도 녹아내리게 만드는 그대의 속삭임에 나의 영혼마저도 녹아내립니다. 그대의 속삭임에 영혼마저도 녹아내린다는 시인은 얼마나 사랑하면 이런 미사여구를 써가며 사랑을 표현할까 생각해 본다.
　꿈속에서조차도 함께하고 싶은 님이여, 부드러운 님의 손길을 나에게서 거두지 마시고 영혼의 소리마저도 나와 함께 하여 주소서. 얼마나 사랑하면 꿈속에서조차 함께 하고 싶은 님이고, 영혼의 소리마저도 함께 하기를 바라는가.
　포근히 감싸주시는 그대의 손길에 그저 감사하게만 감사하게만 생각합니다. 라고 강조하는 시인은 그대를 사랑하는 마음이 언제쯤이면 그대에게서 자유로워질까요. 하고 되물으며 그대의 표정 변화 하나에도 늘 관심을 두고 버둥거리는 나를 헤아니게 하여 주소서 아니 아닙니다. 그대의 품에서 조용히 그대와 함께 살게 해 주시오소 하며 시적 묘사로 에둘러 메타포를 표현하고 있다.
　영원히 그대의 품 안에서 평안히 살기를 바라는 시인의 마음이 시속에 녹아 있다.

(6). 사랑이란 인생의 삶에 가장 주요한 부분을 차지한다.

　사랑이란 어떤 사람이나 대상을 그리워하고 귀중히 여기는 마음이며 사랑하는 사람은 늘 함께 있어도 그립다.

　　사랑은
　　다 주고도 다 주지 못해
　　눈물 흘리는 것

　　서로의 가슴에
　　따뜻함이 물들어
　　햇볕 진정한 봄이 되는 것

　　항상 그 자리에 묵묵히 서서
　　서로의 시선으로 바라보고 토라지고
　　행복해지고 아파하고
　　그렇게 사랑은
　　서로의 눈을 조용히 바라보는 것

　　　　　　　　- 「사랑은」 전문

　사랑은 다 주고도 다 주지 못해 눈물 흘린다는 시인은 사랑하기 때문에 가능하다는 말이다. 항상 그 자리에 묵묵히 서서 서로 시선만 바라보아도 행복해진다고 표현하는 시인은 진정으로 사랑하기 때문에 가슴에 따듯한 온기를 느끼는 봄처럼 절절히 사랑을 표현하고 있다.
   사랑하는 데 온갖 사유가 있어도 그렇게 사랑은 서로의 눈을 조용히 바라보는 것만으로도 사랑스럽다는 시인은 진정으로 시적 묘사를 들어서 사랑의 노래를 읊고 있다.

(7). 인생의 계절을 자연생태계에 비유하면 봄은 무성하고 활기찬 계절이고, 여름은 무르익어 영글어 가는 계절, 가을은 보듬고 다지는 성숙의 계절, 겨울은 마무리하는 완성의 계절로 구분한다. 우리의 인생살이도 위와 같은 순환과정을 겪는 나의 계절은 무르익고 있다.

    단풍이 내려온다.
    발그스레한 홍조를 띠며

    보이는 곳에서 보이지 않는 곳에서
    생명선을 붙잡고 점점 아래로 아래로
    그 발자취를 남긴다.

    우리는 언제나 그러하듯
    두 팔 벌려 환호한다.
    마치 이 세상에서 처음 본 것과 같이
    마치 이제는 더 이상 볼 수 없는 것과 같이

    단풍이 익어가듯

아, 그렇게 나의 계절도 무르익고 있다.

- 「나의 계절은 무르익고 있다」 전문

　가을에 북에서 남쪽으로 높은 산에서 낮은 산으로 서서히 오색 단풍이 물들며 내려온다. 발그스레한 홍조를 띠며 무르익어 다지는 단풍의 계절 가을에 접어들었다고 시인은 노래한다.
　보이는 곳에서 보이지 않는 곳에서 산야가 물들어서 점점 아래로 내려오는 그 발자취를 남긴다고 수사적 묘사를 들어 표현하고 있다.
　가을이 오는 길목에서 오색 단풍이 온 산야를 뒤덮는 세상을 두 팔 벌려 처음 맞이하듯 반기며 시적 묘사로 노래하고 있다.
　단풍이 익어가듯 아, 그렇게 내 인생의 계절도 무르익고 있다는 시인은 산야가 온통 오색 단풍이 들어 낙엽 지고 없어지는 현상이 인생의 여정이 끝나가는 과정과 같고, 서산으로 넘어가는 석양처럼 인생의 길도 그렇게 보인다는 수사적 이미지로 감상에 젖어서 그리고 있다.

(8). 세월의 뒤안길은 인생을 살아오면서 고비마다 어렵고 힘든 가시밭길을 헤쳐 나오며 오뚝이처럼 살아온 모습이다. 동지섣달 긴긴밤 이런저런 생각으로 잠 못 이뤄 뒤척이며 지나온 세월을 더듬어보며, 옛 추억의 그림자, 잊혀 저 가는 얼굴들이, 세월의 무게에 아름다운 영상이 시나브로 내 가슴에 깊숙이 파고든다는 사연을 말한다.

덧없음이 세월이런가

가슴 한켠 묵혀 두었던
사진 한 장 고이 꺼내어 보니
먹먹함이 젖어 온다.

언제쩍 모습이런가.

아련함 저 너머 전해지는
추억의 책갈피
갈래머리 곱게 땋아
재잘재잘 웃음 아끼지 않던 시절
무엇이 그리 정다운지

그때의 친구도 나도
때묻은 채 살아가고 있다.
고이접은 추억이 나빌레라.

- 「세월의 뒤안길」 전문

'덧없음이 세월이런가.' 구절은 시 전체의 주어 역할을 하고, 한 연을 한 행으로 배치함으로써 의미를 강조하는 도치법이다. 세월이 한 참 덧없이 흐른 상황을 표현하고 있다.

가슴속에 고이 간직했던 추억의 사진 한 장을 꺼내어 들여다보니 어느 적 찍은 사진인지 도무지 생각이 잘 안 난다고 하며 시인은 언제 적

모습이냐고 되묻고 있다.

  아련함 저 너머 전해지는 추억의 책갈피 속에 갈래머리 곱게 땋아 찍은 사진 속에 재잘재잘 웃음 짓는 모습이 무엇이 그리 정다운지 세월이 한참 지난 지금도 즐겁고 행복하게 그 시절의 아름다운 추억이 나비처럼 내려앉아 다시 새롭게 회상된다는 시적 감성을 들어내고 있다.

(9). 눈의 소리는 온천지에 하얗게 소리 없이 내리는 눈을 바라보며 감상에 젖어 있는 모습이다.

      눈 소리가 납니다.
      먼 산부터 앞산까지
      먼 바다에서 앞바다까지
      하얗게 소리를 냅니다.

      조용히 속삭이는 소리를 들어보세요.
      기다렸다고 아름답다고 사랑한다고

      내리는 눈 사이로 바람이 친구가 되었습니다.
      함께여서 많이 행복하다고 많이 보고팠다고

      사그작 사그작 발소리에
      너이기를 고대하지만
      아직은 멀리서 바라만봅니다.

                - 「눈의 소리」 전문

눈 내리는 소리가 먼 산부터 앞산까지 먼 바다에서 앞바다까지 하얗게 소리 내며 나비처럼 내려앉는 모습이 이미지화로 그려진다.

눈 내리는 사이에 바람이 불어와 친구가 되었습니다. 라고 하는 시인은 함께여서 아주 행복하다고 많이 보고팠다고 수사적으로 의인화해서 표현하고 있다.

바람에 휘날리며 내려오는 눈을 보고서 사그작 사그작 발소리에 너이기를 고대하지만 아직은 멀리서 바라만 봅니다. 라고 눈이 내리는 풍경을 자연스러운 모습으로 노래하고 있다.

(10) 안개꽃은 여름에서 가을에 걸쳐서 흰꽃이 핀다. 30~45cm에 잎의 모양은 통통하고 꽃이 뾰족하며 털이 없이 무리 지어 피어서 안개꽃이라고 부른다.

    별을 닮아 아름다운
    저 꽃은 때론 순결을 노래합니다.

    청초한 모습 그대로
    호화롭지도 별스럽지도 않지만
    영원한 사랑을 노래하기에도 부족하진 않습니다.

    구름을 솜사탕처럼 품은 듯
    몽글몽글 한 폭의 그림입니다.

                       - 「안개꽃」 전문

별을 닮아 아름다운 저 꽃은 때론 순결을 노래합니다. 라고 하며 별로 호사스럽지 않지만, 영원한 사랑을 노래하기에도 부족하지 않다고 시인은 안개꽃의 순수성을 말하고 있다.

무리 지어 무성하게 피는 안개꽃을 구름에 솜사탕처럼 피어오른다고 묘사하며 뭉글뭉글하게 피어오르는 한 폭의 그림처럼 수사적 묘사로 비유를 들어 에둘러서 표현하고 있다.

(11). 淸明은 맑고 밝음을 나타내는 언어로서 순수성을 뜻한다.

    유리창에 부딪히는 빗소리
    오늘따라 청명함은 무엇 때문일까.

    그대의 발자국이 비에 묻혀
    나의 뜰에 다다랐으면.

    그대, 아직도 오고 있을 빈자리에
    내가 미리 가 기다리렵니다.

    오지 않을 것을 알면서도
    그 자리를 비우지 못하는 나는
    오늘도
    그대의 향기만을 맡으며 잠이 듭니다.

                                 - 「청명」 전문

유리창에 부딪히는 빗소리에 오늘따라 청명함은 무엇 때문일까. 라고 되물으며 빗줄기가 유리창에 부딪히며 길게 선을 긋고서 내려가는 모습이 그려진다. 유리창의 푸른빛과 맑고 고운 빗물이 한데 어울려 청명함을 더욱 선명하게 나타내고 있다.

그대, 아직도 오고 있을 빈자리에 내가 미리 가 기다리렵니다. 라고 기다림은 무척 맑고 순수한 마음으로 대신해서 비유를 들어서 표현하고 있다.

오지 않는 그대를 알면서도 순수하게 빈자리를 기다리며 마음을 비우지 못하는 시인은 꿈속서나마 그대만을 생각하며 잠이 든다는 그대를 향한 청명한 마음을 시적 묘사를 들어 이미지화해 보이고 있다.

(12). 강해인 시인의 시 세계

시인은 시를 창작하고 시 낭송하는 여류 시인이다. 평소에도 웃는 얼굴에 잔잔한 미소를 보여 정감이 간다. 그동안 여러 곳에서 작품 활동을 하고 주요 행사 시는 어김없이 등단하는 시 낭송가로서 순수하고 착한 모습을 보여주고 있다.

시인의 시 낭송 시 카랑카랑한 미성의 목소리를 들을 때면 젊음이 돼 찾아오는 무아지경에 도달한다.

강해인의 첫 시집 『사랑, 다시 봄』은 사랑하는 사람과 일생을 살면서 삶의 그리움에 대한 다양한 모습으로 찾아가는 인생 여정을 보여 주고 있다. 그래서 사랑과 그리움의 노래가 독자의 가슴에 파고들어 오랫동안 울림을 주는 매력이 있다.

앞으로 문운이 들어 더욱 밝은 미래가 오기를 기대해 본다.

12

순수한 삶의 철학에서 나오는
서정성이 돋보인 시 세계의 향연

봉필 이서연 시집 『그래서 더 아름답다』

12

순수한 삶의 철학에서 나오는
서정성이 돋보인 시 세계의 향연

봉필 이서연 시집 『그래서 더 아름답다』

가. 세월은 유수같이 흘러 어언 반년이란 세월이 무심코 지나가는 동안 본의 아니게 교통사고를 당해 큰 수술을 받았다. 위험한 고비를 넘겼다는 봉필 이서연 시인은 고통 속에서 가족의 따뜻한 응원과 성원을 받아 어렵고 힘든 세월을 보내며 건강을 되찾게 되었다. 라고 사유를 들어 말하고 있다. 그동안 겪었던 사연과 써왔던 시를 한데 모아 제2의 시집을 출간하게 되었다는 시인의 용기에 찬사를 보낸다.

나. 詩의 분류 방식과 수사법, 향후 발전 방향은

詩의 내용에 따라 서정시, 서사시, 극시로 나누고. 형식에 따라서 정형시, 자유시, 산문시로 나눈다. 20세기부터는 대부분 서정시가 주류를 이르며 계속 발전했다.

서정시는 우리가 많이 접하고 있는 개인의 감정을 노래하는 시로서 대부분을 차지하고 있는 시를 말한다.

서사시는 개인의 정서가 아닌 집단의 경험과 칭송을 표현하는 시를 말한다. 그 예로 고대 그리스 서사시인 호메로스(Homeros)의 『일리아스』와 『오디세이아』는 대표적인 서사시이며, 트로이 전쟁, 전쟁 영웅을 칭송하는 오디세우스를 노래하는 시이다.

정형시는 詩句나 글자 수, 배열순서, 운율 등이 일정한 고정적 형식, 제약 속에 시어 자체에 규칙적인 리듬을 부여하는 外在律로 표현하는 시로서 詩調, 漢詩가 이에 들어간다.

자유시는 일정 형태를 갖추진 않지만, 일정 행과 연을 갖추고 내재율로 리듬감이 있는 자유로운 형식의 시를 말한다.

산문시는 연과 행 구분 없이 산문처럼 쓰는 시로 리듬의 단위는 행에 두지 않고 한 문장이나 문단에 두는 시이다. 요즘 시인은 긴 산문시를 많이 쓰고 있다.

문학의 세 장르인 詩, 小說, 戲曲은 시라는 한 뿌리에서 세분화되었다.

서정시는 주로 20행 내외의 시로서 그대로 계승되고, 서사시는 小說로 발전하고, 극시는 戲曲으로 변해서 문학의 주류를 이루고 있다.

詩는 표현하려는 시상과 감정을 직접 설명해 표현하지 않는다. 다만 자신이 표현하려는 다른 사물이나 대상을 빗대어 표현한다. 시에 이런 표현 방법을 修辭法이라고 하며 比喩法, 强調法, 變化法 등 3가지로 나눈다.

주로 시에서 많이 인용되는 比喩法에 대하여 간단하게 해설코자 한다.

比喩는 이질적인 요소를 서로 결합하는 표현법으로 원래 나타내는 '原觀念'을 '補助 觀念'으로 이용해 표현하는 방법이다.

이 경우 원관념과 보조관념을 ~ 같이, ~처럼, ~ 듯이 직접 매개어로 결합할 때 直喩라 하고, 매개 없이 'A는 B'이다. 로 결합 시는 隱喩라 칭한다.

比喩의 종류는 直喩, 隱喩(Metaphor), 諷諭는 反語나 패러디, 寓話, 活喩에 擬人化, 代喩에 提喩, 換喩 등을 주로 이용하고 있다.

어느 장르보다 위대한 힘을 발휘할 수 있는 것은 자연과 삶의 현실을 시적 묘사로 비유를 활용하기 때문에 시의 힘은 상상력을 초월해 노래해서 독자로 하여금 감동을 준다.

詩는 시대의 흐름에 따라서 시의 이미지와 상징이 변화하며 발전하고 있다. 시의 서정성도 고정된 개념이 아니고 격식의 파괴도 시대의 변화에 따라서 개인의 의식 수준이 달라지는 것과 마찬가지로 그 시대에 따라서 변하고 달라진다.

옛날의 시는 언어로 구성되어 표현하고 시 구절이 길었으나 현대의 시는 주로 5연에 20행 전후 짧은 시가 주류를 이룬다.

특이한 것은 과거처럼 詩語나 文字를 쓰는 문학이 아니라 인터넷을 통한 Cyber 공간에서 많이 이용하고 있다. 현대에는 영화, TV, 비디오, 유튜브, 신문, 잡지를 통한 매스미디어 대중 매체에 의한 예술 활동이 주요한 자리를 차지하고 있다.

시어나 문자를 쓰고 뒤에 그림과 사진을 입히고, 배경음악을 까는 動映像유튜브(YouTube)로 발전하고, 시 낭송가가 출현해 다양한 형태의 시향이 펼쳐지고 있다.

다. 봉필 이서연의 시 세계

봉필 이서연 시인은 맑고 고운 하얀 물을 보듯이 자연현상과 삶의 순수성이 시에 녹아 있다. 그녀의 시 세계에 무엇을 담아 그리고 있는지 「달래」, 「친구」, 「열대야」, 「열무김치」, 「자유공원」, 「군인」, 「천리향」, 「고추잠자리」, 「해남 땅끝마을」, 「고춧가루」, 「고향」, 「불멸의 밤」, 「개구리 소리」를 시평 하고자 한다.

⑴. 달래는 외떡잎식물로 백합목 백합과에 속하는 식물이다.
　뿌리는 마늘과 같고 줄기는 파처럼 생긴 여러해살이로 산과 들에 자란다. 크기는 5~10cm 내 외고 여러 개 줄기가 뭉쳐난다.

　　　　2천 원! 외치며
　　　　달래 파는 노점상 할머니
　　　　빗방울은 조금씩 내리는데
　　　　계속 같은 소리만 외친다

　　　　추운데 그만 들어가세요
　　　　나는 2천 원에 달래 한 묶음을 샀다

　　　　씻어보니
　　　　황토흙에서 자란 달래다

　　　　늦은 저녁 밥상이
　　　　달래 향기로 가득 채워졌다

　　　　나는 2천 원에
　　　　오늘 달래의 봄을 샀다

　　　　　　　　　　- 「달래」 전문

달래는 봄에 나는 대표적인 나물 재료로써 톡 쏘는 매운맛과 알라신

성분이 있어 원기 회복과 자양 강장에 효과가 있다. 이른 봄 야산, 들길이나 논길에 커다란 덩이를 이르며 자란다. 최근에는 수요가 많아 하우스에서도 재배한다.

2천 원! 외치며 달래 파는 노점상 할머니는 빗방울이 떨어지는 가운데 비를 맞으며 계속 같은 소리만 외치고 있었다. 이 상황을 바라본 시인은 노파의 처량하고 애처로운 모습을 보고서 추운데 그만 들어가세요. 하고서 2천 원어치 달래 한 묶음을 사서 귀가했다.

물에 씻어 나물을 해서 늦은 저녁 밥상에 올려놓았다. 고 하는 시인은 달래의 특유 향기에 취해 온 집안이 봄 달래 향기로 가득 찼다고, 이미 지화 상황을 그리는 시인은 2천 원에 오늘 달래의 봄을 샀다. 라고 수사적 묘사로 메타포를 에둘러 노래하고 있다.

(2). 친구란 동무 또는 벗을 말하며, 통상 가깝고 오래 사귄 사람으로서 정이 두텁고 친하게 지내는 사람을 가리킨다.

    한 달에 한 번 만나서
    영화 한 번씩보자고
    약속했었다

    내가 교통사고나서
    몇 년을 못 만났다

드디어 우리는 다시 만나
　　오랫동안 손잡고
　　놓지를 못했다

　　친구와 다시 두 달에
　　한 번씩 꼭 만나자고
　　또 약속했다

　　작정하면 어디고 갈 수 있는데
　　얼마든지 갈 수 있는데

　　　　　　　-「친구」전문

　한 달에 한 번 만나서 영화 한 번씩 보자고 약속했었다. 라고 하는 시인은 교통사고가 나서 그리운 친구를 몇 년을 못 만났다고 그리워하고 있다.
　드디어 서로 약속한 친구를 다시 만나 오랫동안 손잡고 놓지를 못했다. 라고 하는 시인은 친구에 대한 다정다감한 감정을 노래하고 있다.
　작정하면 어디고 갈 수 있는데 얼마든지 갈 수 있는데 하고 강조하며 그동안 만나지 못한 아쉬움을 반복해서 친구에 대한 그리움을 노래하고 있다.

(3). 한여름 열대야 기간은 7월 25일부터 8월 15일까지 낮 기온 30도 이상이 지속되고 밤 기온 최저 기온 25도 이상유지 되는 기온 현상을 열대야라고 한다.

온다는 비는 안 오고
태양은 한껏 열기를 뿜어낸다

며칠을 달구어대는 불기운
느티나무도 사람도 지쳤다

고추와 토마토도 혼절해
땅에 눕고

오늘 밤도
에어컨과 산풍기는
소리를 낼 것 같다

내 곁에서 밤새 보채는
소리를 낼 것 같다

- 「열대야」 전문

열대야는 밤에 무덥고 습해서 이런 현상이 지속할 경우 수면을 정상적으로 취하지 못해 잠을 설쳐서 전반적인 삶의 질이 떨어진다.

온다는 비는 안 오고 태양은 한껏 열기를 뿜어내고 있다. 며칠을 달구어대는 불기운에 느티나무도 사람도 지쳤고 고추와 토마토도 혼절해 땅에 눕고 있다. 라고 하는 시인은 수사적인 묘사로 의인화해서 열대야로 고통스러워 잠 못 이루고 뒤척이는 어려운 현상을 적나라하게 꼬집고 있다.
　오늘 밤도 에어컨과 선풍기 돌아가는 소리를 낼 것 같다. 라고 하는 시인은 무더위를 이겨내기 위해서 밤새껏 에어컨과 선풍기 돌아가는 소리에 밤잠을 못 이른다며 힘들어하는 영상이 세세히 시적 묘사로 이미지화해 그려지고 있다.

(4). 열무김치란 하절기 열무를 주재료로 만드는 김치의 한 종류를 말한다.

　　　3천 원에 산
　　　열무 세 단을 다듬었다

　　　농부는 자식 키우듯
　　　키웠을 열무

　　　내 손맛을 보태니
　　　열무김치가 두 통이다

　　　보리밥에
　　　열무김치 얹어

／／

썩썩 비벼주니

가족들의 웃음소리가
방안에 가득하다

- 「열무김치」 전문

  여름철 알토란 얼갈이 열무김치는 갖은양념을 버무린 시원한 국물 맛과 무의 아삭아삭하는 식감이 무더위를 이기는 최고의 반찬이다.
  3천 원에 산 열무 세 단을 다듬어서 내 손맛을 보태니 열무김치가 두 통이 되었다고 한다.
  보리밥에 열무김치를 얹어서 썩썩 비벼주니 시원한 국물 맛에 가족들의 웃음소리가 방 안에 가득하다는 시인은 열대야로 지친 몸을 추스르는 데 보리밥에 열무김치만 한 먹거리가 없다고 시적 묘사와 수사적 비유를 들어서 찬양하고 있다.

(5). 인천 응봉산 일대를 자유공원이라 부른다. 6.25 당시 인천 상륙작전을 지휘한 맥아더 장군의 동상이 한미수교 100주년 기념사업으로 1957년 10월 3일 응봉산 정상에 세워졌다.
  자유공원은 해발 69m로 인천 시가지, 주위 인천항, 월미도 앞바다를 한눈에 바라볼 수 있는 좋은 곳에 위치하고 있다.

바다를 보는 장군의 눈길 따라
바다를 본다

파도치던 그 밤의 인천상륙
쉴 새 없이 해변을 오르던
군인들의 타오르던 눈빛
아직도 잊지 못하는 것일까
어쩌면 밀려오는 물결 속의 함성을
떠올리고 있는 듯

아니면 너무 오래 서 있어서
이제는 쉬고 싶은 자유를 갖고 싶다고
장군의 눈길은 더 멀리 간다

그 오랜 시간 바다를 보면서
얼마나 많은 생각을 지웠을까

말을 할 수 없는
그의 말을 듣기 위해
오늘도 공원에 오른다

-「자유공원」전문

한참 치열한 6.25 전쟁 시 낙동강을 최후 교두보로 피아간의 치열한 전쟁을 치르며 수많은 희생자를 내면서 전쟁 양상은 고착 상태에 빠져 있었다.

유엔군 총사령관 맥아더 장군은 1950년 9월 15일 인천상륙작전을 성공리에 완수해 유엔군과 한국군은 낙동강 전선 수세 방어 상태에서 공세로 전환해 전쟁 양상을 일시에 바꿔 놓았다.

바다를 보는 장군의 눈길 따라 바다를 본다는 시인은 유엔군 총사령관 맥아더 장군 지휘하에 인천상륙작전을 성공리에 완수한 장군의 노고에 대하여 동상과 바다를 번갈아 바라보는 시인의 냉철한 시적 묘사로 그때의 전쟁 상황을 그리고 있다.

파도치던 그 밤의 인천상륙작전 시 쉴 새 없이 해변을 오르던 군인들의 타오르던 눈빛을 바라본다. 아직도 잊지 못하는 것일까 어쩌면 밀려오는 물결 속의 함성을 떠올리고 있는 듯 생각에 잠겨 있는 듯하다고 한다. 이번에는 응봉산 정상에서 바다를 바라보며 치열한 전쟁 상황을 회상하는 모습을 그리고 있다. 그 오랜 시간 바다를 바라보면서 얼마나 많은 생각을 했을까 하는 시인은 장군의 동상을 눈여겨보고 있다.

말을 할 수 없는 그의 말을 듣기 위해 오늘도 공원에 오른다는 시인은 그때 치열한 전쟁을 통해 회복한 평화스러운 공원에 올라 그때의 전쟁 상황을 되돌아 회상해 본다고 노래한다.

(6). 군인은 평시에 지속적인 훈련, 작전과 경계강화로 정신적으로 강인하고 올바른 군인의 자세로 임해야 한다. 고대 그리스 전사에는 '훈련에서 더 땀을 흘리면 전쟁에서는 덜 피를 흘린다.' 손자병법에는 '승리는 그

대가를 치르려 하는 사람에게만 주어진다.'라고 한다.

> 전동차 옆자리에 얼룩무늬 제복의
> 건장한 군인이 내 어깨에 고개를 묻는다
> 힐끗 보니 휴가 중 외출했다 집으로 가나 보다
>
> 내 어깨에 기댄 병장 계급장이 무거워진 듯
> 자세를 바로 하더니 다시 쓰러진다
> 그의 머리가 얹혀 있는 어깨를 빼면 그는 쓰러지겠지
>
> 나라를 지키는 일이 무거웠나 보다
> 내 어깨가 자꾸만 기운다
> 군대간 아들이 내 앞에서 어른댄다
>
> - 「군인」 전문

　전동차 옆자리에 얼룩무늬 제복의 건장한 군인이 내 어깨에 고개를 묻는다. 힐끗 보니 휴가 중 외출했다 집으로 가나보다 라고 시인은 비유를 들어서 말하고 있다.
　내 어깨에 기댄 병장 계급장이 무거워진 듯한 자세를 바로잡더니 다시 쓰러진다. 그의 머리가 얹혀 있는 어깨를 빼면 그는 쓰러지겠지 하며, 군 생활의 고단함을 에둘러 표현하고 있다.
　나라를 지키는 일이 무거웠나 보다 내 어깨가 자꾸만 기운다. 군대 간 아들이 내 앞에서 어른댄다고 수사적 은유를 들어 상황을 해설하고 있다.

(7). 천리향, 백서향나무는 '꽃이 희고 상서로운 향기 나는 나무'라는 뜻의 이름인 천리향은 감귤보다 3배 크고 껍질이 얇고 부드러워 까서 먹기 좋고 새콤달콤한 맛이 난다.

> 금방 입을 활짝 열 것 같은
> 밥풀 모양의 봉우리
>
> 터 잡지 못해서
> 큰 화분에 옮겨주니
> 꽃들이 피어나 활개를 친다
>
> 뻥튀기듯
> 입들이 벙글거린다
> 채 천 리도 가지 못한
> 향기가 사무실 안과 밖을 맴돈다
>
> 오가는 사람들에게
> 천리향 따라
> 문전성시 이룬다
>
> — 「천리향」 전문

꽃향기가 천 리까지 간다고 해서 千里香이라고 부른다.
꽃망울 향기가 좋아 가정에서 화분에 키우는 경우가 많다.

금방 입을 활짝 열 것 같은 탐스러운 밥풀 모양의 봉우리를 이르는 천리향은 뻥 튀기듯 입들이 벙글거린다. 천리향이라고 부르는 꽃향기가 온 사무실에 퍼져서 안과 밖을 맴돈다. 라고 강렬한 수사적 이미지로 표현하고 있다.

오가는 사람들에게 천리향 따라 문전성시 이룬다. 라고 말하는 시인은 꽃망울 향기에 젖어 수많은 사람이 와서 드려다 보고 있는 상황이 시적 묘사로 메타포를 에둘러 노래하고 있다.

(8). 고추잠자리는 평지의 늪지대에서 자생한다. 몸체길이 48mm, 뒷날개 길이 34mm 전후로 주로 가을 추수기에 황금 들판을 누빈다. 코스모스, 나비와 가을의 상징으로 우리에게 친숙하게 다가오는 곤충이다.

어디든 휠휠 날아다니는
넌 참 좋겠다

나도 너처럼
날 수만 있다면
부모님 계신 곳에
언제고 다녀올 텐데

뜨거운 햇살을 뚫고
공중을 나는
고추잠자리야

너는
백두산도 가겠지

— 「고추잠자리」 전문

가을에 날아다니는 고추잠자리는 몸체가 붉어서 부쳐진 이름이다.
어디든 훨훨 날아다니는 넌 참 좋겠다, 라고 말하는 시인은 나도 너처럼 날 수만 있다면 부모님 계신 곳에 언제고 다녀올 텐데, 라고 하며 자유자재로 날아다니는 고추잠자리 너는 백두산도 가겠지, 라고 말하는 시인은 고추잠자리가 부러워서 시적 묘사와 수사적 은유를 들어 노래하고 있다.

(9). 해남 땅끝마을 전남 해남군 송지면 송호리, 해남읍 남쪽 43.5km 토말·갈두마을 북위 34· 1738에 있는 해남 땅끝 마을은 시 주제로 많이 등장한다.
崔南善은 『조선상식문답』에 따르면 땅끝 해남에서 서울까지 1천 리, 강산까지 3천 리, 그로부터 한반도는 3천 리 강산으로 불렸다.
토말에 사자봉(해발 122m) 정상에 토말탑과 해남 땅 끝 마을 전망대를 세우고, 1986년 국민관광지로 지정했다.

해남 땅끝마을이
바다를 잡고 있다

미역 김 양식장이
파란바다를
검게 물들인다

모노레일을 타고
올라간 산꼭대기
9층 전망대

그동안 막혔던
내 가슴이
바다를 보니 트였다
그 가슴을 바다가 삼키려 한다

해남 땅끝마을 갔다 온
내 가슴이
아직도 그 바다에 있다

- 「해남 땅끝마을」 전문

　한반도 끝자락 땅끝 마을은 국민 관광단지로서 매년 해맞이 행사가 개최되는 곳으로 유명하다. 해남 땅끝 마을이 바다를 잡고 있다. 라고 드넓은 바다에 인접해 비유를 들어서 말한다.

미역 김 양식장이 파란 바다를 검게 물들인다. 그동안 막혔던 내 가슴이 바다를 보니 트였다. 그 바다를 마음에 담고 있어 시인은 바다가 삼키려 한다. 라고 표현하고 있다. 전망대에서 드넓고 광활한 바다를 바라보며 시적 서정성을 들어 눈앞에 전개되는 바다 광경을 노래한다.

해남 땅끝마을 갔다 온 내 가슴이 아직도 그 바다에 있다. 라고 하는 시인은 해남 땅끝마을 풍경을 가슴에 담아 잊지 못하고 시적 묘사를 들어 사물을 의인화해 표현하고 있다.

(10). 붉게 익은 건고추 즉 말린 고추를 빻아서 만든 가루로 각종 음식을 만드는 데 꼭 필요한 양념으로 쓰인다.

    우리집과 사돈집

    딱 두 집 먹을 양만
    작년처럼 지었다며

    고춧가루를
    건네주시는 사돈댁

    받으면서
    마음이 자꾸만 무거워진다

              - 「고춧가루」 전문

'우리 집과 사돈집' 이라는 구절은 시 전체의 주어 역할을 하고 있다.

한 연을 한 행으로 배치함으로써 의미를 강조하는 도치법이다. 이런 시는 시인의 메시지가 명료하게 드러난다.

먹을 양만 작년처럼 지었다며 고춧가루를 건네주시는 사돈댁, 받으면서 마음이 자꾸만 무거워진다. 라고 시인은 솔직 담백하게 자신의 마음 부담을 시적 묘사로 비유해 그 심정을 진솔하게 털어놓는다.

(11). 고향은 자신이 태어나서 자란 정든 곳, 내가 자라며 살던 곳을 말하고 조상 대대로 살아온 곳이며 항상 마음속에 그리는 옛 추억이 살아 숨 쉬는 곳을 말한다.

    깊어가는 겨울밤
    등잔 밑에서 새끼 꼬시던 아버지

    참숯 화로불 올라오면
    알밤 구워 두었다가 까주시고

    5남매 오물거리는 입 바라보며
    웃음 지으신 어머니

    고향 집 울타리 아래
    백일홍 봉숭아 꽃
    아직도 머리에서 맴도는데

세월 따라 변해 버린 고향 집에는
부모님 간 곳 없고 그 집도 변해

신식 집 새 주인이 살고 있고
어릴 적 내 동심이 울고 있네

- 「고향」 전문

 깊어가는 겨울밤 등잔 밑에서 새끼 꼬시던 아버지의 모습이 그림처럼 드러나고 있다. 참숯 화롯불에 알밤 구워 두었다가 까주시는 옛정이 살아 숨 쉬는 정다운 고향을 연상케 한다.
 고향 집 울타리 아래 백일홍 봉숭아꽃은 아직도 머리에서 맴도는 데라고 하는 시인은 옛날 고향의 정취를 서정적으로 수사적 묘사로 비유를 들어서 그리고 있다.
 세월 따라 변해 버린 고향집에는 부모님은 간 곳 없고 그 집에 새로 들어온 사람이 수리해 타인이 살고 있는 정경이 고스란히 서려 있어 고향집의 옛 모습을 그리고 있다. 고향집의 옛 모습은 온데간데없다고 시인은 서운한 마음을 보이며 아쉬워 노래한다.
 세월도 10년이면 자연의 강촌도 변한다는 속담처럼 개보수해 새 주인이 살고 있는 고향집은 어릴 적 내 동심이 서성이며 울고 있네 하고 세월의 무상함을 시적 묘사를 들어 노래로 표현하고 있다.

(12). 불면의 밤에는 여러 가지 사연과 생각에 잠 못 이르고 뒤척이다 지새는 하얀 밤을 말한다. 우리는 인생길에서 올바른 방향을 정하지 못하고 허둥대며 헤매는 경우가 많다.

   잠 못 드는 기나긴 밤을 지새우며 찬바람과 풀벌레 울음소리에 새벽을 맞이하는 불면의 밤이 우리의 가슴을 울리고 있다.

혼자 서있는
가로등 불빛이
창밖 밤하늘 별 무리를
가깝게 오게 한다

새벽 찬바람 내려오고
풀벌레 울음소리
움추려든다

무덥던 여름날을
끝내려고 밤새 머뭇거린다

잠을 쫓아내는
가을의 발길이

성큼
밤을 물리치는
아침이 온다

- 「불면의 밤」 전문

혼자 서있는 가로등 불빛이 창밖 밤하늘별 무리를 가깝게 오게 한다. 새벽 찬바람 내려오고 풀벌레 울음소리 움츠러드는 고요한 시간에 잠 못 이루고 뒤척이는 데, 무덥던 여름날을 끝내려고 밤새 머뭇거린다며 더위에 지쳐서 척 누러진 마음까지 편치 않다고 시적 묘사로 비유를 들어 심정을 토로한다.

잠을 쫓아내는 가을의 발길이 성큼 밤을 물리치는 아침이 온다고, 하며 몸을 이리저리 뒤척이며 잠 못 이르는데 마침내 밝아 오는 새벽의 찬바람이 잠을 설치게 한다는 시인의 정서가 노래로 잘 그려져 있다.

(13). 개구리의 합창 소리는 하절기 비가 내린 후 들판에서 울어대는 개구리울음소리는 너무 시끄러워 밤잠을 설치는 장애가 된다. 그래서 듣는 이마다 받아들이는 정서가 다르다.

고요한 밤 시도 때도 없이 울어대는 개구리 소리에 지쳐 무더운 여름 밤잠을 설치게 한다.

도시 생활에서 듣기 어려운 시골 밤의 개구리 소리는 어릴 적 동심을 불러일으킨다.

자연의 음악 소리로도 생각해 천지와 음양의 조화, 다른 사물과 평화롭게 공존한다는 시적 비유를 들어 어느 철학자는 서정적으로 말하기도 한다.

양서류는 개구릿과에 속하는 동물을 총칭한다.

광탄 친척 집에 가면
들길에서 개구리 우는 소리가
들려온다

몇 년 만에 들어 보는 소리인가

도시 사람들은 개구리
소리마저 잊고 산다

개구리 소리가 들려주는
동심의 꿈
광탄의 밤이 푸르다

- 「개구리 소리」 전문

 광탄 친척 집에 가면 길가 들판에서 개구리 우는 소리가 들려온다는 시골 풍경을 시적으로 그리고 있다.
 몇 년 만에 들어 보는 소리인가 하고 강조하며 옛 추억을 회상하는 시인은 도시 사람들은 개구리 소리마저 잊고 산다고 안타까워한다.
 개구리 소리가 들려주는 동심의 꿈이 광탄의 밤하늘을 푸르게 번져 수놓는다. 라는 시인은 동심의 세계로 돌아가 시적 묘사로 비유를 들어 깊은 희열을 느끼고 있다.

(14). 봉필 이서연 시인의 시 세계

   시인의 시는 맑고 청명한 가을 하늘처럼 자연과 생활에서 체험한 순수한 서정성의 시가 동심을 이끌고 우리의 가슴을 울리며 다가온다.

   특히 서정성의 부드러움과 자아와 대상을 조화로 이끌면서 풍경화를 그리듯 섬세하게 표현하는 솜씨가 대단하다.

   언어의 직조에 번지는 묘미와 이를 탄력적으로 이어지는 이미지의 길은 그녀만의 독특한 시적 구상의 특징을 가지고 있다.

   앞으로 문운이 들어 더욱 발전하기를 기대해 본다.

13

맑고 고운 마음으로
시 세계를 펼치는 서정성의 향기

최대희 시인의 제3 시집 『치즈 사랑』

13

맑고 고운 마음으로
시 세계를 펼치는 서정성의 향기

최대희 시인의 제3 시집 『치즈 사랑』

가. 詩는 시인이 체험과 상상력이 결합한 영혼의 기록으로서 정신적으로 맑음을 가질 때 시의 진실성이 문자로 표출되는 정신세계이다.

프랑스 시인 폴 발레리(Paul Valery, 1871~1945)는 20세기 최고의 시인으로 인정받은 프랑스의 대표적인 상징주의 시인이다.

상징주의는 19세기 후반 프랑스에서 사실주의, 자연주의에 대한 반동으로 탄생한 문학의 한 흐름으로 평가한다.

그는 '시의 첫 줄은 신이 베풀어 주지만, 둘째 줄부터는 시인이 스스로 만들어 가야 하며, 둘째 줄은 첫째 줄과 조화를 이뤄야 한다고 한다. 하늘이 내려준 첫 줄에서 떨어져서는 안 된다고 한다.

여기서부터 시인의 고뇌가 시작된다.

시는 함축적이며 상징성을 띠고 있어야 하는데 이때 활용되는 기법이 '은유적 표현'이 큰 몫을 차지한다. 라고 말한다.

시어로 표현하는 유일한 방법은 일련의 사물, 정황, 사건의 정서를 직접 환기하도록 객관적 상관물을 발견해 함축적이고 상징적으로 암시하는 시적 기법에 있다.

시는 직접적인 체험, 교훈을 알려 주는 것이 아니라 낯설게 하기, 일탈,

난해성을 집약해 표현하므로 시인의 정신세계를 화판에 그려서 내면세계를 비추는 거울과도 같다. 때로는 미사여구를 들어서 대상을 그리고 포장하고 감싸주는 간접적인 방법으로도 독자에게 다가갈 때 오랜 관습의 사례들이 比喩로 인용해 이미지화한다.

나. 새로운 추상의 표정과 창조법을 개발하다.
　바실리 칸딘스키는 순수추상예술의 선구자이며, 표현주의 미술을 발전시킨 인물이다. 추상화는 그만의 點, 線, 面을 이어지는 정서로 이미지화해서 문법 화하는 데 공헌했다. 시에도 이런 기법을 이용하면 다소 난해하다는 평가를 받을 수는 있지만 새로운 정신세계의 영역을 개척한다는 뜻에서 새로운 창조기법으로 높이 평가된다.

다. 최대희 시인의 시 세계
　시인은 평소 관심을 갖고 있는 사물을 대상으로 시 창작을 하므로 그의 정서인 감수성이 주로 그 안에 내포되어 있다. 시인에게 어떤 서정성이 주류를 이루고, 그녀의 시 세계에 무엇을 담아 그리고 있는지 「스며들다」, 「좋은 친구」, 「친구」, 「행복은」, 「바다」, 「그림자」, 「안개꽃」, 「비빔밥」, 「함박꽃」, 「다락방」, 「선」을 시평 하고자 한다.

(1). 스며들다란 뜻은 '스미다'와 '들다'가 합쳐진 용어로써 '속으로 배어들다'의 뜻을 나타내는 합성동사이다. 동사로서 햇살, 액체, 냄새, 느낌이나 기운이 스며들다라고도 쓰인다.

　　마음이 통한다는 건
　　화선지에 먹물 들듯
　　스며드는 것이다

　　죽이 맞는 친구
　　죽이 맞는 취미
　　죽이 맞는 당신

　　새 순이
　　연두에서 초록으로
　　스며들 듯

　　화사한 봄날
　　그대,
　　가슴으로 스며들다

　　　　　　　－「스며들다」 전문

　　마음이 통한다는 건은 화선지에 먹물이 들듯이 스며드는 것이다. 라고 시인은 표현하고 있다. 죽이 맞는 친구, 죽이 맞는 취미, 죽이 맞는 당신은 친구로서 취미가 잘 맞는다고 하며, 새순이 싹이 터 연두에서 초록으로 물들어 가듯이 새싹이 자라며 색깔도 연두색에서 초록색으로 자연스럽게 변하고 있다고 시적 묘사로 표현하고 있다. 화사한 봄날처럼 그대 가슴에 모든 사연이 스며들고 있다고 시인은 강조해서 노래하고 있다.

(2). 좋은 친구란 의좋게 서로 잘 지내는 친구를 말한다.

내 슬픔을 함께 나누자고
바람 부는 능수버들처럼
달려온 당신

봄볕 같은 눈빛으로
잡은 두 손에 살포시 힘주며
미소 짓는 당신

- 「좋은 친구」 전문

내 슬픔을 함께 나누자고 바람 부는 능수버들처럼 달려온 당신은 기쁠 때나 슬플 때나 함께 하는 진정한 친구로서 우리 사이는 좋은 친구라고 표현하고 있다.
봄볕 같은 눈빛으로 잡은 두 손에 살포시 힘주며 미소 짓는 당신은 따스한 온정이 넘치는 표정을 짓고서 어루만져주며 다가서는 다정한 친구

좋은 친구라고 시인은 시적 묘사로 직유를 들어서 노래하고 있다.

(3). 즐거울 때나 슬플 때 따뜻한 마음으로 손잡아 주는 친구가 좋은 친구이다.

몇 년을 보지 못해도
전화로 빨갛게 파랗게
속마음 보여주지 못하는
친구가 있다

자주 만나 술잔을 부딪쳐도
속마음 보여주지 못하는
친구가 있다

갑자기 떠난
아버지 영정 앞에서
제일 먼저 떠오른 얼굴 있는데

내 눈물을 묵묵히 받아주는
그를 나는
친구라 한다

- 「친구」 전문

몇 년을 보지 못해도 전화로 빨갛게 파랗게 속마음 보여주지 못하는 친구가 있다고 서술하고 있다. 자주 만나 술잔을 부딪쳐도 속마음 보여주지 못하는 친구가 있다고 친구와의 거리를 말하지만, 갑자기 떠난 아버지 영정 앞에서 제일 먼저 떠오른 얼굴이 있는데 그게 비록 잘 만나지 못해도 마음속에 그리는 그리운 친구의 얼굴이 떠오른다고 한다.

내 슬픈 눈물을 닦아주고 눈물을 글썽이며 호소하듯 보이는 정을 묵묵히 받아주는 그런 친구를 시인은 그를 진정한 친구라고 부른다고 수사적 묘사를 들어서 표현하고 있다.

(4). 행복이란 자기 생활에서 충분한 만족과 기쁨을 느끼며 심리적으로 흐뭇해하는 상태를 말한다. 행복은 바깥에 있는 것이 아니고 자기 마음속에서 울어 나는 만족감을 말한다. 자기 자신을 소중히 여기지 않으면 행복으로 이어지지도 못하고 느끼지도 못한다.

어느 날은 뜨거운 사랑이
어느 때는 집 한 채만
어느 날은 친구 손잡고
어느 때는 수제비 한 그릇만
어느 날은 훌쩍 여행을
어느 때는 시원한 바람 한 점만
있었으면 했는데

행복은
손잡고 도란도란 이야기 할
당신만 곁에 있으면

- 「행복은」 전문

　시인은 생활하며 느끼는 만족감이 행복으로 이어진다고 여러 가지 사연을 들어 노래하고 있다. 어느 날은 뜨거운 사랑이, 어느 때는 집 한 채 만큼, 어느 날은 친구 손잡고, 어느 때는 수제비 한 그릇 정도 만, 어느 날은 훌쩍 여행을, 어느 때는 시원한 바람 한 점만 있으면 된다는 자신만의 만족감으로 이어지는 행복을 시적 묘사로 비유를 들어서 표현하고 있다.
　어느 날, 어느 때는 사랑하는 당신과 손잡고 도란도란 이야기하는 시간이 진정 행복을 느낀다고 시인은 소박한 바람과 희망을 노래하고 있다.

(5). 지구 표면의 약 70%를 차지하는 바다는 육지로 둘러싸인 광활한 소금물을 말한다. 통상 대양과 연결된 넓은 해역을 말하며 얼음으로 얼어붙은 바다를 유빙이라고 부른다.

도무지 깊은 속내를
알 수 없는
출렁임으로

하루에도 수십만 번
파도치는 그리움

사랑은
지치지도 않고

- 「바다」 전문

　파도쳐 출렁이는 바다를 바라보는 시인은 도무지 깊은 속내를 알 수 없는 출렁임으로 파도가 마치 살아서 움직이는 것처럼 시적 묘사를 써서 표현하고 있다.
　하루에도 수십만 번 파도치는 바다를 바라보면서 그리워지고 보고파서 파도치는 것으로 마치 바다가 살아 있는 양 노래하고 있다.
　사랑은 지치지도 않고, 라고 하며 너무 사랑해서 바다가 출렁이고 파도친다고 시적 수사법 활유법을 인용해 의인화로 이미지화해서 그리고 있다.

(6). 그림자(shadow) 影, 물체가 빛을 가려서 그 물체의 뒷면에 나타나는 검은 그늘이다. 심리학에서의 그림자는 식별할 수 없는 부정적이거나 무의식적인 측면을 말한다.

부르지도
찾지도 않았건만
늘 곁에 와 있는
그대여

빛이 있어
그림자 지듯
그대 있어
외로움 있는 것

- 「그림자」 전문

 부르지도 찾지도 않았건만 늘 곁에 와 있는 그대여 라는 시인은 그림자를 수사적 묘사 활유법을 통해서 그대여 하고 의인화해서 이미지화했다.
 빛이 있어 그림자 지듯 그대 있어 외로움 있는 것으로 시인은 그림자를 직유로 에둘러 표현하고 있다.

(7). 안개꽃은 아시아에서 자라는 석죽과에 속하는 내한성 한해살이 꽃이며 약 30~40cm까지 자라는 꽃이다.

하고 싶은 말

이리 많은데

그대 앞에서

웃음 수밖에

― 「안개꽃」 전문

  여름에서 가을에 걸쳐서 자라며 많은 가지가 갈라져 작은 봉우리 흰 꽃이 무리 지어 안개처럼 퍼져서 번창해 피고 있다고 해서 붙여진 이름이다. 안개꽃의 뜻인 맑은 마음, 행복, 기쁨, 사랑의 결실을 뜻하는 꽃으로 결혼식 부케에 자주 사용한다.
  시인은 안개꽃을 보고서 하고 싶은 말이 많은데 사랑스러운 꽃이라 보기만 해도 좋아서 웃음 밖에 나오지 않는다고 시적 묘사를 들어서 비유로 선명하게 그리고 있다.

(8). 비빔밥은 여러 종류의 야채, 나물, 계란, 육류에 양념장을 넣고서 비벼 먹는 한국의 전통 요리이다.

질그릇에
돈과 명예 비글과 애증 넣고
용서와 화해의 양념장 넣고
쓱쓱 비벼
세월을 먹는다

― 「비빔밥」 전문

질그릇에 돈과 명예 비글과 애증을 넣고 용서와 화해의 양념장을 넣고서 쑥쑥 비벼서 세월을 먹는다. 라는 시인은 인간사 수많은 사연을 비빔밥처럼 한데 넣고 비벼서 화합과 단결로 승화시키면 좋겠다는 드높은 숭고한 배려의 뜻이 내포되어 있다.

우리는 인생은 살아오면서 수많은 사람과 함께 일하며 인연을 맺고 만나서 헤어지기를 반복한다. 그런 과정에서 서로 돕기도 하고 반목해 갈등으로 좌절하는 경우도 허다하다.

시인은 인간의 삶을 통해서 성공과 좌절, 돈과 명예, 비글, 애증, 용서와 화해 등 얽히고설킨 인간사의 모든 일을 화합과 단결로 뭉쳐서 명랑한 사회를 만들자는 시적 묘사로 활유법을 들어서 이미지화하는 큰 뜻이 그려져 있다. 여기는 인간사 喜怒哀樂愛惡慾의 모든 뜻도 포함하고 있다.

(9). 함박꽃나무는 목련과의 나무로 산 목련이라고도 부른다.
초여름 5월~6월에 피는 하얀 꽃으로 마치 함박웃음 짓는 모습처럼 보여서 함박꽃이라고 이름을 붙였다고 전한다.

폭우 속 우산도 없이

친정에 온

누이의 환한 웃음

-「함박꽃」 전문

폭우가 내리는데 우산도 없이 친정에 온 누이의 환한 웃음을 보고서 시인은 친정에 온 것이 얼마나 좋으면 시누이의 얼굴에 함박꽃처럼 환한 웃음을 짓고 있나 하고서 수사적 묘사로 에둘러 이미지화해 노래하고 있다.

　(10). 다락방은 다락과 방의 합성어로서 주로 옛날 한옥에 많이 설치해 이용했다. 지붕과 천장 사이에 있는 공간으로 옛날 집은 집안의 물건, 가재도구, 잡동사니 등을 보관하는 창고 역할로 다락방을 많이 이용했다.

　　높고 푸른 하늘로
　　더 가까이 다가간
　　꿈꾸는 방

　　　　　　－「다락방」 전문

　다락방은 어린 시절 놀던 장소로 하늘에 보다 가까이 있어 장래 꿈과 희망을 품던 동심의 추억이 서려 있는 곳이기도 하다.
　높고 푸른 하늘로 더 가까이 다가간 꿈 꾸는 방으로 묘사하는 시인은 어린 시절 다락방에서 아이들과 놀며 장래 꿈을 키우던 희망의 뉘앙스가 표출한다. 인간은 누구나 하늘에 미래의 꿈 실현을 위해 도움과 구원을 받으려는 심리가 작용하기 때문이다.

시인은 시를 통해서 시적 묘사로 동심을 적나라하게 이미지화해 노래하고 있다.

(11). 線이란 그어 놓은 금이나 줄을 말하는 경계선이며, 위치만을 지니는 조형의 기본 단위를 선이라고 한다. 여기서 말하는 선은 각 개개인 능력 범위 내에 따라서 성공의 크기를 가늠하고 결정하는 절대적인 바로미터로 작용한다는 것이다. 다시 말해서 선이 크면 큰 대로 작으면 작은 대로 장차 성공의 규모가 결정된다는 사실이 우리가 모두 인생을 살아오면서 체험한 증거들이다. 그것은 오르지 자기 능력여하에 따라서 결정한다는 선의 범위이다.

>할 수 있다와
>할 수 없다와
>경계를 긋는 순간
>꿈의 크기는 달라진다
>
>그 선을 긋는 사람은
>나, 자신이다

- 「선」 전문

할 수 있다와 할 수 없다와. 의 경계선을 긋는 순간 꿈의 크기가 달라진다, 라고 하는 시인은 그 선을 긋는 사람은 나, 자신이다.라고 단정해서 말한다.

　어린아이들이 미래에 대한 꿈과 희망의 실현을 위해서는 그 사람이 이루고자 하는 얼마만큼의 크기와 규모의 선을 긋고, 꿈의 실현을 위해서 얼마나 성실히 노력하느냐 여부에 따라서 성공의 크기와 꿈의 실현이 이뤄지기 때문이다.

　그래서 자기의 선은 자기 자신만이 결정한다고 시인은 시적 묘사 비유를 들어서 표현하고 있다.

(12). 최대희 시인의 시 세계

　최대희 시인은 순수하고 맑은 서정시를 쓰는 작가이다. 시의 흐름이 간결하고 유연해 모든 독자가 읽기 편하고 느끼는 순수한 감성이 남달라 시적 매력이 풍부해서 모든 이로 하여금 감동하게 하는 지성 시인이다.

　여성 시인으로서 섬세함이 믿음과 사랑으로 이미지를 구축하고 펼쳐서 즐겁고 행복한 세상 만들기에 새로운 지평을 여는 감성이 시적 주제에 묻어난다.

　그녀는 특히 서정성의 부드러움과 자아와 대상을 조화로 이끌면서 풍경화를 그리듯 섬세하게 표현하는 솜씨가 대단하다.

　언어의 직조에 번지는 묘미와 이를 탄력적으로 이어지는 이미지의 길은 그녀만의 독특한 시적 구상의 특징을 가지고 있다. 그래서 시적 언어 감각이 탁월하다.

　앞으로 문운이 들어 대성하기를 바란다.

14

에필로그

14
에필로그

詩란 언어예술의 꽃이라고 한다.

시는 작가의 사상과 정서로 상상력을 발휘하여 운율적 언어로 압축하여 표현한 높은 정신의 예술이다.

인생과 자연을 주제로 하는 시의 표현은 여러 가지로 나타낼 수 있다. 그중에서 수사법을 크게 나누면 비유법, 강조법, 변화법 등 3가지가 있다. 그 활용 방법도 시어와 글 구절에 따라서 조정하며 사용할 수 있어 표현의 다양성을 보장한다.

좋은 시는 표출되는 감성이 남달라 즐거움과 깨달음을 주고 통찰의 내면세계로 이끌어 감동을 줘서 독자로 하여금 열광하고 정서와 호흡의 일치를 보게 되는 좋은 반향을 일으킨다.

詩의 생성 시기는 기원전 4600년경 티그리스, 유프라테스강 사이 고대국가 수메르 문화유적지에서 발견되었다. 우루크 왕조 5대 왕 길가메시의 신화 「점성토 636장」, 수메르어 서사시가 점포 판 문자(1800년 영국 학자 발견)로 해석되어 시인 길가메시 전설로부터 시작되었다고 전해 내려온다.

그 이후 고대 그리스 서사시인 호메로스(Homeros)의 「일리아스」와 「오디세이아」 등이 세간에 등장해 전래하여 왔다.

BC 7세기경 알카이오스와 그리스 도리아 지방 레스보스섬 출신인 여성 시인 사포와 로마시대 BC 1세기경 카를로스와 호라티우스가 서정시를 썼다는 전설이 내려온다. 뒤이어 르네상스 시대는 페트라르카, 셰익스피어, 에드먼드 스펜서, 존 밀턴 등이 14행 서정시를 썼다는 기록이 있다.

18세기 19세기는 낭만파 시인, 로버트 버즈, 윌리엄 블레이크, 윌리엄 워즈워스, 키츠, 셸리, 위고, 괴테 등이 계보를 형성해 내려왔다.

한국의 경우 서정시 시초는 고구려 유리왕 「황조가」로부터 전래한다. 왕비 송 씨가 죽자, 왕은 화희와 치희를 후실로 맞이한다. 둘은 사이가 좋지 않아 서로 질투해 다퉈서 치희가 궁궐을 나갔다. 왕은 여러 곳에 수소문해 찾던 중에 서운한 마음을 달래려 고심하던 끝에 외롭게 사는 황조(꾀꼬리)에 비유해 이별의 슬픈 서정시를 노래한 것이 원조라고 전해 내려온다.

신라시대는 5세기경 향가 25수, 고려시대는 고려가요 「가시리」와 조선시대 양반의 노래 3음 중심의 시조(13~14세기)가 불려서 우리의 서정시 명목을 유지하는 전통 가락이 되었다.

조선시대의 사대부는 주로 詩調, 漢詩, 歌詞 등을 이용해 자신의 사상, 정서를 공유했다. 순결, 절개와 지조를 표현할 때 대나무, 소나무, 국화 등을 이미지로 상징화해 사용했다.

현대에 이르러 1908년 잡지 「소년」에 신체시 「해에게서 소년에게」를 기조로 삼지만 이에 앞서 1898년 협성회보에 이승만의 「고목가」가 먼저 나

왔다.

  이 시는 나라와 민족을 사랑하는 애국심이 투철한 이승만 박사는 외세로 짓밟혀 쓰러져 가는 조국의 현실을 안타까워하며 딱따구리의 수난으로 황폐해 넘어지는 고목에 비유해 노래한 시이다.

  우리의 시는 계속 발전해서 누구나 읽히고 향유하는 기반이 조성되어 즐겁고 행복한 삶이 유지되도록 힘쓰면 좋겠다.